SOCIÉTÉ DE SAINT VINCENT DE PA[UL]

CONSEIL CENTRAL DE PARIS

LA CORRESPONDANCE DES ŒUVRES

RECUEIL DE DOCUMENTS ET RENSEIGNEMENTS PRATIQUES
POUR LES CONFÉRENCES, SECRÉTARIATS,
ŒUVRES DE MARIAGES, ETC.

QUESTIONS SOCIALES, TRAVAIL, PRÉVOYANCE,
ASSISTANCE PUBLIQUE ET PRIVÉE,
RÉGLEMENTATION ET ŒUVRES DE GUERRE

ANCIENNE CORRESPONDANCE DES SECRÉTARIATS
RÉIMPRESSION DES NUMÉROS PARUS
DE JUIN A DÉCEMBRE 1915

PARIS
AU SECRÉTARIAT DE LA SOCIÉTÉ
6, rue de Furstenberg — VIe Arr^t

SOCIÉTÉ DE SAINT VINCENT D
CONSEIL CENTRAL DE PARIS

LA
CORRESPONDANCE
DES ŒUVRES

✥

RECUEIL DE DOCUMENTS ET RENSEIGNEMENTS
PRATIQUES
POUR LES CONFÉRENCES, SECRÉTARIATS,
ŒUVRES DE MARIAGES, ETC.

✥

QUESTIONS SOCIALES, TRAVAIL, PRÉVOYANCE,
ASSISTANCE PUBLIQUE ET PRIVÉE,
RÉGLEMENTATION ET ŒUVRES DE GUERRE

✥ !

ANCIENNE CORRESPONDANCE DES SECRÉTARIATS.
RÉIMPRESSION DES NUMÉROS PARUS
DE JUIN A DÉCEMBRE 1915

✥

PARIS
AU SECRÉTARIAT DE LA SOCIÉTÉ
6, rue de Furstenberg — VIᵉ Arrᵗ

NOTICE EXPLICATIVE

Les numéros de la *Correspondance des Œuvres* de juin à décembre 1915 s'étant trouvés épuisés, nous les avons fait réimprimer en classant méthodiquement les articles parus.

Nos nouveaux abonnés trouveront donc dans ce petit volume les mêmes renseignements que ceux dont les premiers abonnés ont bénéficié en recevant la *Correspondance des Œuvres* au numéro. Ils auront de plus cet avantage que le remaniement apporté dans la disposition des articles en facilitera la recherche. Nous n'avons éliminé de la réimpression que de très rares renseignements ou avis qui avaient perdu tout intérêt actuel.

Il est au surplus très important de remarquer que cette réimpression n'est pas et ne pouvait pas être une mise au point des questions traitées. Ce travail eût été vain, car la réglementation évolue sans cesse. Il ne faut chercher ici que des documents à interpréter et à utiliser en tenant compte des modifications qui ont pu ou pourront se produire, et que nous signalons et commentons à mesure de leur apparition.

Il sera d'ailleurs publié en juillet 1916 une table méthodique commune à toutes les matières traitées depuis juin 1915.

On trouvera assez souvent dans les livraisons de 1916 des renvois à celles de 1915, indiquant le numéro et la page. Pour permettre aux abonnés qui n'ont pas les numéros eux-mêmes, mais la présente réimpression, nous avons établi une table de concordance (voir à la fin du volume) qui permet de trouver immédiatement l'article cherché, dans ce volume, alors qu'on ne connaît que le renvoi à la pagination des numéros primitifs.

Table des Matières

I

LES MILITAIRES AUX ARMÉES
ET
LES TRAVAILLEURS MILITAIRES

CORRESPONDANCE ET COLIS

Territoire Français

En dehors des indications précises de nom, grade et formation militaire et à défaut de numéro connu de secteur, mentionner la ville siège du dépôt (voir affiches dans les bureaux de poste).

Corps expéditionnaire d'Orient

Mêmes indications que pour les militaires en territoire métropolitain, mais préciser autant que possible l'unité élémentaire à laquelle appartient le mobilisé, notamment pour les armes autres que l'infanterie et la cavalerie. (Batterie, section de munitions, section de télégraphistes, ambulance, etc.)

Prisonniers de guerre

Donner les mêmes indications d'identité du destinataire et mentionner exactement le lieu d'internement. Inscrire à l'angle gauche de la carte ou de l'enveloppe : « Par Pontarlier. » N'employer que des cartes sans insignes ni drapeaux, ou des lettres ouvertes n'excédant pas 20 grammes. Écrire le texte très lisiblement.

Envoi de colis postaux aux militaires

La loi du 22 juin et le décret du 25 juin 1915 ont autorisé l'envoi gratuit d'un paquet postal recommandé de 1 kg par mois aux mobilisés dont les familles bénéficient des allocations, ou comptent au moins quatre enfants vivants. La loi du 10 octobre 1915 accorde le même régime aux paquets envoyés aux pupilles de l'Assistance Publique par les tuteurs, parents nourriciers, patrons et anciens patrons [1].

---

[1]. Selon le décret du 27 octobre 1915, ces protecteurs devront s'adresser au Directeur de l'Assistance publique, à Paris, s'il s'agit d'un pupille du département de la Seine

1

Cette disposition est applicable à tous les militaires des armées de terre et de mer (France, Algérie, Colonies, Corps expéditionnaire d'Orient, dépôts, formations sanitaires, etc.).

Par ailleurs, les règles à suivre pour l'envoi des colis postaux militaires en général ont été énoncées comme suit par le *Journal officiel* du 1er septembre 1915 :

I. — Sont adressés aux dépôts des corps les colis postaux destinés aux militaires de ces corps aux armées (sauf exception prévue à l'article II) ou présents dans les dépôts.

II. — Sont adressés au bureau central des colis postaux militaires, à Paris, les colis postaux destinés aux militaires ci-après :

A. Officiers sans troupes ;

B. Militaires provenant des troupes de la Corse et de l'Afrique ;

C. Militaires à demeure dans la zone des armées (places fortes, formations sanitaires, garde des voies de communication, gares, etc.) L'adresse des colis destinés à ces militaires doit porter le nom de la localité où se trouve le destinataire ;

D. Unités mobilisées de douaniers et de chasseurs forestiers.

III. — Sont adressés directement aux destinataires les colis postaux destinés aux militaires à demeure dans la zone de l'intérieur (places fortes, formations sanitaires, garde de voies de communications, gares, etc.).

L'adresse de ces colis doit porter le nom de la localité où se trouve le destinataire et, en outre, si elle n'est pas desservie par le chemin de fer, le nom de la gare la plus voisine.

IV. — Les seules indications à porter sur l'adresse sont les suivantes :

A. Nom et adresse de l'expéditeur ;

B. Nom, prénoms et grade ;

C. Arme, état-major ou service du destinataire ;

D. Corps de troupe et unité du destinataire ;

E. Lieu de destination spécifié dans les paragraphes I, II et III.

L'adresse doit être parfaitement lisible et inscrite directement sur

aux préfets ou à leurs délégués les inspecteurs départementaux s'il s'agit d'un pupille des autres départements. Ces fonctionnaires s'adressent alors au Directeur des postes de leur département respectif, qui fait délivrer une feuille d'expédition en franchise à la personne indiquée sur la demande. Il ne peut être fait qu'un seul envoi à chaque pupille. Le droit à la franchise est accordé au nourricier ou ancien nourricier, de préférence au patron ou ancien patron.

l'enveloppe et non sur une étiquette fixée à la colle ou par tout autre procédé.

V. — Les expéditions sur les dépôts, le Bureau Central et les localités de l'intérieur sont faites aux frais des expéditeurs et soumises aux formalités et tarifs habituels des colis postaux à domicile.

Les colis postaux remis directement par l'expéditeur dans les dépôts et au Bureau Central sont reçus sans aucun frais.

Seront refusés les colis présentés soit en groupage, soit par des intermédiaires commerciaux.

VI. — Est absolument interdite l'expédition, par colis postal aux militaires, des liquides, des denrées alimentaires périssables et des matières dangereuses.

VII. — L'emballage doit être très solidement conditionné. Les colis devront être enveloppés de toile et de papier d'emballage extra fort. Seront refusés les colis postaux dont l'emballage serait insuffisant ou défectueux.

♣

AFFECTATION DES MILITAIRES
LIBÉRATION — SURSIS

LES MILITAIRES PÈRES DE FAMILLES NOMBREUSES
Armée de terre

I. — Les mobilisés pères de six enfants vivants — ou de cinq enfants dont le père est veuf [1]

bénéficient de la *libération immédiate* (sauf un court délai pour les militaires spécialisés dans des services de matériel ou de subsistances) et sont assimilés à la classe 1887 pour le rappel éventuel,

— que ces enfants soient légitimes ou reconnus, nés du mariage du père, ou d'un mariage antérieur de la mère, pourvu qu'en ce cas ils soient à la charge du mobilisé.

Leur famille n'a droit à la continuation de l'allocation que

---

1. D'... ès une réponse du Ministre de la Guerre (Question 534, *Journal officiel* du 31 octobre 1915), ce dernier serait disposé à assimiler exceptionnellement certaines situations à celle de veuf. Toutefois il ne juge pas opportun de prendre à cet égard une mesure générale, chaque espèce sera l'objet d'une enquête et d'une décision individuelles.

pendant huit jours. Ils ne peuvent être assimilés aux réformés n° 2 pour lesquels l'allocation est maintenue jusqu'à ce qu'ils aient retrouvé un salaire équivalent à celui qu'ils avaient avant la guerre.

Les dispositions de la circulaire du 11 février 1915 ne peuvent être appliquées qu'aux militaires ayant eu six enfants simultanément vivants. Si cinq seulement ou moins ont vécu ensemble, la circulaire n'est pas applicable, quel que soit le nombre total des enfants qu'à eus le mobilisé.

Les enfants dont le militaire est le tuteur ou qu'il a adoptés ne peuvent être assimilés à ses propres enfants.

II. — Les mobilisés pères de quatre enfants — ou de trois enfants dont le père est veuf,

dans les mêmes conditions que ci-dessus, sont versés dans les *services de l'arrière* ou de *l'intérieur* susceptibles de recevoir des hommes du service armé, *dans la mesure des disponibilités*, et sans qu'aucun droit individuel soit créé ; ils ne seront pas compris dans les renforts à destination de l'armée d'Orient.

Les marins pères de quatre et cinq enfants

Le Ministre de la Marine vient d'étendre aux marins les faveurs accordées par le Ministre de la Guerre aux militaires de l'armée de terre.

« Ces mesures ne s'appliqueront qu'aux marins des équipages de « la flotte rappelés au service par la mobilisation et qui en feront la « demande, à l'exclusion des marins qui ont contracté l'engagement « volontaire spécial prévu par la loi du 2 mai 1899.

« Les pères de cinq enfants vivants ou veufs pères de quatre « enfants vivants ne devront être employés que dans les différents « services de la marine à terre, en France, en Corse, en Algérie ou « en Tunisie.

« Ceux d'entre eux qui sont actuellement embarqués ou affectés « à des services autres que ceux désignés ci-dessus seront, dans « un délai maximum de deux mois, renvoyés en France et « remplacés par les soins des dépôts, auxquels il conviendra « d'adresser les demandes réglementaires. » (*J. off.* du 28 novembre 1915).

LOI DALBIEZ

Textes

Instruction pour l'application de l'article 3 de la loi du 17 août 1915 assurant la juste répartition et une meilleure utilisation des hommes mobilisés et mobilisables. (Loi au *J. Off.* du 19 août 1915. — Instruction au *J. Off.* du 2 septembre 1915, p. 6159.)

Application de la loi du 17 août 1915
(Visite des auxiliaires)

« Pour l'application des dispositions de l'art. 3 de la loi du 17 août 1915, les visites passées devant la commission des trois médecins n'ont aucun effet si elles sont antérieures au classement dans le service auxiliaire ou dans la position de réforme.

« Au contraire, si un homme du service auxiliaire, postérieurement à son passage dans le service auxiliaire a été controvisité par la commission des trois médecins et maintenu dans sa situation, il n'est pas astreint à la nouvelle visite prévue par l'article 3 précité ».

BUREAUX DE RECRUTEMENT

Toutes les démarches relatives à la situation militaire, et notamment à l'application de la loi du 17 août 1915 (Loi Dalbiez), doivent être faites au bureau de recrutement ou à la gendarmerie, et non auprès des administrations civiles.

Pour Paris, les arrondissements sont répartis comme suit en ce qui concerne les bureaux de recrutement :

Premier bureau de recrutement (porte de la Chapelle) : 10e, 19e et 20e arrondissements ;

Deuxième bureau de recrutement (porte de Passy) : 1er, 7e, 15e et 16e arrondissements ;

Troisième bureau de recrutement (porte de Châtillon) : 4e, 5e, 6e, 13e et 14e arrondissements ;

Quatrième bureau de recrutement (porte de Charenton) : 2e, 3e, 11e et 12e arrondissements ;

Sixième bureau de recrutement (porte Champerret) : 8e, 9e, 17e et 18e arrondissements.

Le cinquième bureau, 71, rue Saint-Dominique, s'occupe des situations spéciales.

&

CONGÉS ET PERMISSIONS

Régime général

Les règles relatives aux congés et aux permissions ont été codifiées dans une Circulaire du Ministre de la Guerre du 23 octobre 1915, insérée au *Journal Officiel* du 3 novembre 1915 (s. c.). Elles peuvent se résumer ainsi qu'il suit.

I. CONGÉS DE CONVALESCENCE

A. ZONE DES ARMÉES. — Ne peuvent être délivrés qu'aux hommes sortant des hôpitaux, par les soins de la Commission spéciale de la subdivision dont ils relèvent. Les bénéficiaires, à l'expiration du congé, sont dirigés ensuite sur la gare régulatrice qui dessert leur unité.

B. ZONE DE L'INTÉRIEUR. — Ne peuvent être délivrés qu'aux hommes sortant des hôpitaux-dépôts de convalescents, par les soins d'une Commission, comme ci-dessus. A l'expiration, les bénéficiaires rejoignent le dépôt de leur corps.

DISPOSITIONS COMMUNES

DESTINATION. — Les militaires bénéficiant de *congés de convalescence* ne pourront séjourner que dans leur famille, c'est-à-dire les personnes avec lesquelles ils vivaient avant la mobilisation, ou dans les établissements créés par l'ŒUVRE D'ASSISTANCE AUX CONVALESCENTS MILITAIRES[1]. Il leur est délivré des ordres de transport gratuit pour l'aller et le retour.

Les prolongations de congés de convalescence ne peuvent être accordées qu'en cas d'absolue nécessité, et seulement par la Commission spéciale de la subdivision où réside l'homme en congé.

---

1. Pour tous renseignements, s'adresser au siège de l'Œuvre, 43, Chaussée d'Antin, à Paris. — On trouvera la liste des établissements rattachés à cette œuvre, au 1er juillet 1915, dans le supplément (Février-Juillet 1915) du *Paris charitable pendant la guerre* (S C), p. 14.

II. Permissions

A. Zone des Armées. — Permissions pour événements de famille laissées à la décision du général commandant en chef ; permissions de sept jours pour raisons de santé qui peuvent être accordées aux blessés de guerre ou malades légers sortant des hôpitaux spéciaux du front.

Les bénéficiaires sont, à l'expiration de ces permissions, dirigés sur la gare régulatrice qui dessert leur unité.

Ces permissions ne peuvent être prolongées qu'en cas d'absolue nécessité ; si le bénéficiaire tombe malade, il doit rentrer dans la formation sanitaire de sa localité ou de la localité la plus voisine. Les prolongations de permissions pour événements de famille sont accordées tout à fait exceptionnellement par le général commandant la subdivision de région où l'homme est en permission.

B. Zone de l'Intérieur. — *a)* Permissions de vingt-quatre heures les dimanches et jours fériés dans des proportions *très restreintes* et à titre d'encouragement ;

b) Permissions pour événements de famille importants pour une durée limitée à la cause les motivant ;

c) Permissions d'une durée variable déterminée par des instructions spéciales pour certaines catégories d'hommes ;

d) Permissions d'une semaine aux militaires évacués du front pour blessure ou maladie à leur sortie de l'hôpital avant de rejoindre leur dépôt. Ces permissions constituent un droit, sauf en cas de force majeure ou de punition grave. Elles sont prolongées d'un jour par 400 kilomètres de trajet. Elles donnent lieu à la délivrance de deux ordres de transport, l'un pour aller en permission, l'autre pour rejoindre le dépôt [1].

e) Permissions de quatre jours accordées sur leur demande aux hommes mobilisés depuis *six* mois au moins et n'ayant bénéficié d'aucune permission supérieure à 24 heures. Elles sont prolongées d'un jour par 400 kilomètres de trajet [2].

1. Les convalescents bénéficiant de permissions de sept jours peuvent les passer dans des maisons de convalescence quelconques ou chez des particuliers, mais ils doivent produire un bulletin d'acceptation légalisé émanant de la personne ou de l'établissement qui les hébergera.
Les militaires admis dans les dépôts d'éclopés n'ont pas droit à ces permissions.

2. La durée des permissions du front qui est de six jours pleins, peut, à titre exceptionnel, être augmentée de deux jours par les chefs de corps pour les militaires qui prouveraient, par un certificat du maire, qu'ils doivent profiter de leur permission pour se marier. (*Rép. du Min. de la Guerre à la question* 5968, *J. Off.* du 30 novembre 1915.)

Les bénéficiaires touchent les frais de leur voyage (aller et retour). Ces permissions ne peuvent être accordées que jusqu'à 10 o/o de l'effectif, en commençant par les hommes qui n'ont pas revu leur famille depuis le temps le plus long et à temps égal par les pères des familles les plus nombreuses.

Elles peuvent être refusées si les nécessités du service l'exigent, ou en cas d'inconduite ou de punition grave.

Elles ne peuvent être prolongées que tout à fait exceptionnellement par le général commandant la subdivision dans laquelle se trouve le permissionnaire.

Ler permissionnaires de vingt-quatre heures ne peuvent jouir de leur permission que dans la zone de l'intérieur ; les autres permissionnaires peuvent jouir de leur permission dans une zone délimitée au *Journal Officiel* du 8 novembre 1915.

Tous les militaires, officiers et soldats, porteurs d'une permission de plus de 48 heures, doivent soumettre eux-mêmes leur titre au visa du commandant d'armes ou de la gendarmerie.

Les permissions agricoles sont réglées par des dispositions spéciales.

L'octroi des permissions agricoles a été d'abord facultatif. Le ministre de la guerre a ensuite décidé qu'elles constitueraient en principe un droit pour les agriculteurs disponibles et qu'ils pourraient obtenir des permissions de 15 jours en deux séries.

La permission agricole n'est pas une faveur individuelle, mais répond à un besoin collectif. Les permissionnaires ont le devoir strict de travailler non point seulement leurs terres, mais celles des combattants du front, qui, eux, ne peuvent pas obtenir de permissions agricoles ; c'est là une obligation de solidarité nationale. (*J. off.* du 11 août 1915. Réponse à la question 3590.)

Permissions et sursis aux ouvriers forestiers

Les bûcherons, voituriers-forestiers, charbonniers, commis de bois, actuellement mobilisés, peuvent également obtenir des permissions ou même des sursis d'appel pour suppléer à l'insuffisance de la main-d'œuvre civile.

SOLDE ET INDEMNITÉS

Solde, indemnités et allocations aux militaires malades, blessés, convalescents, en instance de réforme ou en subsistance dans divers établissements [1].

Militaires en traitement dans les hôpitaux pour blessures reçues ou maladies contractées en service commandé (pour fait de guerre ou autre).

Ont droit à la *solde de présence*, et le cas échéant à la haute paye, à l'exclusion de toute prime d'alimentation, depuis le 15 avril 1915. (Instruction du 7 juin 1915 en sens contraire annulée postérieurement : voir notamment *J. Off.* du 11 août 1915.)

Militaires ayant été soignés pour blessure reçue ou maladie contractée au cours des opérations de guerre (et non pas simplement en service commandé) :

a) *En permission d'une semaine à leur sortie de l'hôpital.* (Instruction du 1er mai 1915) ;

b) *En congé de convalescence.* (Décret du 1er janvier 1915.)

Ont droit à la *solde de présence* et à *l'indemnité représentative de vivres de 1 fr. 05.* (Lorsqu'une prolongation de congé porte la durée de l'absence à plus de six mois, l'indemnité ne peut être allouée que par décision ministérielle, sur proposition des autorités hiérarchiques.) (*J. Off.* du 22 août 1915. Rép. du ministre à la question 3810.)

Militaires renvoyés dans leurs foyers en congé illimité, en attendant la liquidation de leur pension ou une gratification de réforme, pour blessure reçue ou maladie contractée au cours des opérations de guerre (à l'exclusion de ceux dont les blessures ou la maladie seraient antérieures au 2 août 1914 : expédition coloniale, opérations marocaines).

Ont droit à *l'indemnité journalière spéciale* de 1 fr. 70, sans

---

1. Les réformés n° 2 et les réformés temporaires (*V. Correspondance*, n° 5, p. 4) n'ont droit à aucune allocation lorsqu'ils ont été renvoyés dans leurs foyers après réforme. Mais si leur situation est nécessiteuse, le Ministre de la Guerre est disposé à examiner avec bienveillance toute demande de secours. L'attribution de ces secours ne fait pas obstacle en principe au maintien des allocations et majorations de la loi du 5 Août 1914 aux familles des mobilisés.

allocation de solde ou d'alimentation. (Décret du 1er janvier 1915, Instruction du 1er mai 1915.)

L'indemnité journalière de 1 fr. 70 est acquise jusqu'au jour de l'échéance du premier trimestre de pension ou de la notification de la décision accordant la gratification de réforme. Il ne peut y avoir rappel et précompte que si une avance a été consentie pour une période postérieure à la date de l'échéance ou de la notification.

Les grands blessés évacués d'Allemagne et renvoyés dans leurs foyers ont droit à cette indemnité (*J. Off.* 5 octobre 1915, réponse à la question 4612.)

Militaires en subsistance dans les dépôts, formations sanitaires ou établissements privés subventionnés dans ce but par le Ministère de la Guerre :

a) En permission ou en congé ;

b) En instance de pension de retraite ou de gratification de réforme.

N'ont pas droit à l'indemnité représentative de vivres. (Circulaire du 25 mai 1915.)

Ces diverses allocations sont payables en principe par le dépôt d'origine et c'est au chef de comptabilité de ce dépôt que doivent être adressées les demandes et réclamations.

La nouvelle solde des sous-officiers et soldats

1° *Sous-officiers :*

Maréchal des logis maître sellier, sous-chef armurier des troupes coloniales, sergents et maréchaux des logis, maîtres tailleurs et cordonniers, maréchal des logis, premier maître maréchal : solde de présence. 0 fr. 94 ; solde d'absence, 0 fr. 78.

Sergent et sergent-fourrier, maréchal des logis et maréchal des logis fourrier, maréchal des logis trompette, sergent clairon, sous-chef artificier : solde de présence, 0 fr. 92 ; solde d'absence, 0 fr. 78.

2° *Militaires des autres grades* (solde de présence) :

Caporal fourrier, brigadier fourrier : 0 fr. 72.

Caporal, caporal tambour ou clairon, caporal sapeur, caporal armurier des troupes coloniales, brigadier, brigadier trompette, brigadier armurier des troupes coloniales, brigadier maître maréchal, musicien après dix ans de fonctions : 0 fr. 42.

Artificier de batterie, maître pointeur, maître ouvrier, premier ouvrier, maître artificier, soldat armurier : 0 fr. 27.

Soldat, cavalier, canonnier, ouvrier de batterie et des compagnies d'artificiers à fer et à bois, aide-maréchal ferrant, bourrelier, tambour, clairon, trompette, sapeur des corps d'infanterie et du génie, soldat et élève musicien, soldat des sections spéciales ou des unités en tenant lieu, enfants de troupe des écoles militaires préparatoires : 0 fr. 25.

Bibliographie

Manuel des Soldes et Indemnités. Allocations diverses et Pensions, Fournier, 264, boulevard Saint-Germain, 1 fr. 50.

♣

OUVRIERS MILITAIRES

Ouvriers militaires (tailleurs, selliers, cordonniers)

Les maîtres-tailleurs, selliers, cordonniers seront exclusivement recrutés pendant la durée des hostilités parmi les hommes dégagés de toute obligation militaire, les hommes non incorporés des classes 1887 et 1888, les hommes du service auxiliaire.

Mobilisés détachés dans des usines privées

Les militaires mobilisés dans les établissements industriels sont dorénavant considérés comme en sursis d'appel (art. 6 de la loi du 17 août 1915). Ils sont donc placés en principe sous le régime de la loi du 9 avril 1898, en cas d'accident du travail.

Ils n'ont pas droit à la correspondance en franchise, ni au voyage à quart de place[1].

A Paris, en cas de maladie ou d'accident, ils doivent, s'ils peuvent se transporter, se rendre à la consultation au dépôt du 19e escadron du train, îlot Fontenoy.

S'ils ne peuvent se rendre à la consultation, ils doivent aviser tout de suite par lettre :

1º Le général commandant le département de la Seine, qui donnera des ordres pour les faire visiter à domicile ;

2º Le directeur de leur usine.

---

1. Ils reçoivent au départ le montant de leurs frais de voyage qu'ils acquittent en prenant un billet à quart de place ; mais s'ils obtiennent des permissions au cours de leur travail, ils n'ont plus droit à aucune réduction sur les chemins de fer et voyagent à leurs frais au tarif ordinaire.

Pour les militaires en sursis résidant *extra muros*, ils doivent, en cas de maladie ou d'accident, se rendre, s'ils peuvent se transporter, à la visite du corps le plus rapproché de leur domicile. S'ils ne peuvent se transporter, ils doivent aviser par lettre, en même temps que le directeur de leur usine, le commandant d'armes le plus rapproché qui les fera visiter à domicile.

Le général commandant le département de la Seine et les commandants d'armes, suivant le cas, aviseront, le dépôt de rattachement des militaires en sursis du résultat de la visite à domicile.

Les militaires en sursis peuvent être recrutés parmi les militaires désignés pour faire partie du corps expéditionnaire d'Orient dans les mêmes conditions que s'ils faisaient partie de formations du théâtre occidental de la guerre. (*J. off.* du 11 août 1915. Réponse à la question 3505.)

Ouvriers forestiers

Voir, **Permissions ci-dessus** et **TRAVAIL (Accidents).**

♣

ŒUVRES

Œuvre des réformés de la guerre et des soldats convalescents, 49, rue de Vaugirard.

Cette œuvre s'occupe accessoirement d'assurer l'hébergement des convalescents et des permissionnaires sans famille chez des particuliers ou en groupe. Moyennant 15 francs, on peut procurer un foyer à un militaire pendant une permission de 6 jours.

L'Assistance aux réfugiés et aux victimes de la guerre procure l'hébergement à tous les militaires, régulièrement en convalescence ou en permission, ainsi qu'aux réformés. Il suffit de s'adresser au siège de l'œuvre, avenue de La Motte-Picquet, 20, tous les jours, de dix heures à sept heures. (Voir aussi *Correspondance* n° 7, pages 6 et 7).

♣ ♣ ♣

MILITAIRES HOSPITALISÉS
CONVALESCENTS, INVALIDES

HOSPITALISATION ET CONVALESCENCE

La liberté de conscience dans les hôpitaux
(Extrait d'une circulaire récente du Ministre de la Guerre)

« ....

« Vos corps meurtris par les balles ou la maladie sont prisonniers du mal, mais votre pensée demeure libre : votre dignité de soldat, grandie par la légitime fierté du devoir accompli n'exige que nulle atteinte ne soit portée aux droits de votre conscience.

« La République y veille.

« Votre droit est absolu de pratiquer la religion à laquelle vous êtes attaché. »

« ....

Pour les militaires tuberculeux, — Stations sanitaires.

Il a été décidé que les militaires reconnus tuberculeux contagieux ne seraient pas mis immédiatement en réforme. Pendant trois mois ils seront confiés à l'Assistance publique et hospitalisés dans des stations sanitaires : là, ils recevront à la fois des soins et des conseils sur les précautions à prendre lors de leur retour dans leurs foyers pour éviter la contagion.

Les réformés n° 2 déjà libérés pourront être admis à ce stage d'éducation.

Les admissions sont prononcées sur certificat du service de santé.

Déplacements des malades et blessés et de leurs familles.
Malades et Convalescents

Ils reçoivent en principe pour tous leurs déplacements un ordre de transport gratuit qui est délivré soit par l'hôpital, soit par l'ambulance, soit par le corps qui met en route le blessé évacué sur un autre hôpital, sur son corps, soit en congé de convalescence, ou en réforme définitive ou temporaire.

De même les amputés en congé qui vont essayer un appareil dans un centre orthopédique militaire bénéficient d'un ordre de transport.

Parents

Il leur est consenti une réduction qui est de 75 o/o pour les familles nécessiteuses (production d'un certificat d'indigence délivré par le maire) et de 50 o/o pour les autres, sur présentation dans les deux cas d'une pièce émanant de l'établissement hospitalier constatant la blessure ou la maladie.

Elle n'est accordée que pour visite des militaires traités dans les hôpitaux pour blessures ou maladies contractées en campagne. Les parents ne peuvent en bénéficier pour aller voir un militaire dans un dépôt d'éclopés.

Lorsque le militaire hospitalisé est orphelin de père et de mère, la réduction peut être accordée à l'oncle, au tuteur légal, ou à la personne qui justifie avoir élevé ou adopté le militaire. (Attestation du maire.)

Déplacements des familles de militaires convalescents

Billets collectifs à prix réduit pour accompagner dans un séjour de convalescence le militaire mis en congé, hospitalisé ou réformé. Il doit être demandé au moins deux billets ; le trajet aller et retour ne peut être inférieur à 250 km. (Orléans, P.-L.-M., Midi, Etat).

Envois de livres dans les hôpitaux

Voir **Prisonniers.**

♣

MUTILÉS

La parole et la voix

Cours gratuit, 155, faubourg Poissonnière, trois fois par semaine.

A ces cours sont admis :

1º Les soldats dont le trouble de langage, bégaiement, aphasie, aphonie, mutité, etc., provient de choc nerveux, de commotion cérébrale ou autres accidents cérébraux, c'est-à-dire ceux qui, bien que possédant la faculté de la parole automatique, sont cependant atteints de paralysie dans l'exécution volontaire de la parole.

2° Les soldats opérés à la face et ayant besoin d'une rééducation spéciale lorsque le projectile a atteint les nerfs ou muscles des organes phonate-articulateurs et par suite en a compromis le bon fonctionnement. Les soldats peuvent se faire inscrire.

Les Sourds

Sur la rééducation auditive des sourds, voir un article de M. Drouot, professeur à l'Institut national des Sourds-Muets, dans la *Revue Scientifique* de septembre 1915. — Essais tentés à l'Institution des Sourdes-Muettes de Larnay, près Poitiers, et à l'Ecole régionale de sourds-muets et aveugles de Villeurbanne (Lyon)

Les Invalides de la guerre et la rééducation
(Renseignements officiels)

Dès que le dossier de proposition de pension ou de gratification a été examiné et agréé, les invalides peuvent bénéficier de la rééducation, et cela sans attendre que la pension soit liquidée ou la gratification accordée.

La pension ne sera modifiée en aucun cas du fait que les bénéficiaires se soumettent à la rééducation.

Il est entendu que la gratification est toujours susceptible de revision suivant le taux reconnu de l'incapacité de travail.

Un tour de faveur, en ce qui concerne la liquidation de leur situation militaire (examen des droits à la pension ou à la gratification), sera accordé à ceux qui désirent bénéficier de la rééducation.

Tout invalide dont la situation militaire est établie comme il est dit ci-dessus peut prétendre au bénéfice de la rééducation.

A cet effet, il doit adresser une demande dont le modèle lui sera fourni par l'autorité militaire, et sur laquelle le médecin chef de la place la plus voisine de son lieu d'habitation ajoutera les indications nécessaires pour la suite à donner à la demande ; celle-ci sera transmise sans retard au directeur du service de Santé régional.

Lorsqu'ils sont admis dans les écoles professionnelles, les invalides peuvent être dans les situations suivantes :

Militaires :

1° Exceptionnellement dans les établissements militaires, hôpitaux, hôpitaux-dépôts, maisons de convalescence, etc., ils ne touchent aucune indemnité et n'ont aucune dépense à faire ; 2° en congé de convalescence, pour attendre la pension ou la gratification, ils touchent une indemnité journalière qui leur appartiendra en totalité s'ils logent chez eux ou ailleurs à leurs frais. Une partie de cette indemnité peut être versée par l'intéressé à une œuvre qui se chargera de lui assurer logement et nourriture.

Non militaires :

Après liquidation de la pension, ou règlement de la gratification, l'autorité militaire n'a plus à intervenir. Les invalides sont ou logés ou nourris à leurs frais chez eux ou ailleurs, ou logés et nourris aux frais d'une œuvre voisine de l'établissement professionnel qui peut leur demander un prix de journée aussi minime que possible.

Fournitures d'appareils aux amputés renvoyés dans leurs foyers

Les militaires amputés qui ne désirent pas attendre à l'hôpital l'appareil prothétique qui leur est nécessaire en sont pourvus par le centre orthopédique de la région de leur domicile. Mais comme le nombre des appareils à délivrer dépasse, dans la plupart des régions, les ressources de la production locale, ces militaires ne peuvent être pourvus aussi rapidement que ceux qui attendent à l'hôpital, ou qui ont consenti à bénéficier d'une rééducation professionnelle.

Le taux de l'indemnité journalière qui leur est allouée est celui prévu au tarif du décret du 12 juin 1908 pour les hommes de troupe déplacés isolément.

D'autre part, les intéressés n'ont à supporter aucune dépense de transport puisqu'ils voyagent, à l'aller et au retour, gratuitement. (*Rép. du Min. de la Guerre à la question* 4421.)

BIBLIOGRAPHIE

L'emploi en industrie et en agriculture des mutilés et blessés de la guerre et la loi sur les accidents, Maurice ALFASSA, Le « *Correspondant* », 25 juillet 1915.

Jambes et bras artificiels, Francis Marre, *Le Correspondant*, 10 juillet 1915. Etude scientifique intéressant les mutilés de la guerre.

La réadaptation des soldats mutilés et aveugles, P. Villez, *Revue des Deux-Mondes*, 1er octobre 1915.

EMPLOIS

Contributions indirectes

L'administration des contributions indirectes avait fixé au 30 août 1915 un concours pour préposés, concours réservé aux hommes réformés n° 1, ayant perdu un membre ou l'usage d'un membre. Il fallait écrire au directeur départemental pour faire la demande et adresser les pièces suivantes :

1° Demande d'admission.

2° Expédition d'acte de naissance et, au besoin un extrait d'acte de mariage.

3° Certificat de nationalité et de bonnes vie et mœurs.

4° Extrait du casier judiciaire.

5° Copie du certificat de réforme ou de pension, ou billet d'hôpital mentionnant l'origine de la mutilation.

(Pièces 1, 2, 3 sur papier timbré, signatures légalisées.)

300 places environ.

Traitement de début : 1.560 francs et 1.600 à partir du 1er janvier 1916, traitement cumulable avec la pension de réforme.

(L'examen devait porter sur l'écriture, l'orthographe et l'arithmétique : quatre règles et problèmes élémentaires.)

Contributions directes

L'Administration des Contributions directes est disposée à faciliter l'admission des mutilés dans ses cadres. Pour qu'ils soient admis à concourir, il sera sans doute nécessaire qu'ils soient reconnus aptes à supporter les fatigues du service, mais on n'exigera pas d'eux toutes les conditions d'aptitudes physiques exigées des autres candidats. (*Rép. du Min. des Finances à la question* 5718, *J. off.* du 29 octobre 1915.)

Le traitement de début pour les commis titulaires est de 1.200 fr. Un commis titulaire principal peut arriver au traitement de 2.600 fr. Ces traitements s'augmentent des rétributions correspondant aux travaux que les commis exécutent en dehors des bureaux.

L'admission a lieu par voie de concours. Les épreuves, qui sont exclusivement écrites, comportent : une dictée, une copie, deux problèmes simples, une note sur un sujet se rattachant à l'organisation administrative et financière de l'Etat, des départements ou des communes, un tableau avec des opérations de calcul.

Les demandes doivent être déposées à la Direction des contributions du département dans le mois qui suit l'insertion à l'*Officiel* de l'avis annonçant l'ouverture d'un concours.

Administration des Postes

L'Administration se propose de réserver à un certain nombre de militaires blessés et réformés un certain nombre d'emplois de facteurs suburbain, local ou rural, de facteur auxiliaire des postes, de facteur auxiliaire du service télégraphique et de facteur intérimaire pour le service postal et télégraphique.

En ce qui concerne les postes de facteur titulaire, les intéressés devront être inscrits sur la liste de classement établie par le ministère de la guerre en exécution des lois des 21 mars 1905 et 7 août 1913 L'administration se mettra incessamment en rapport avec ce département dans le but d'arrêter les conditions d'âge et d'aptitude physique suivant lesquelles ces inscriptions pourront être faites.

D'autre part, les chefs de service vont recevoir des instructions visant l'utilisation des mutilés de la guerre comme auxiliaires ou intérimaires dans le service postal et télégraphique. (Rép. du ministre à la question 4381, *J. Off.* du 2 octobre 1915.)

La limite d'âge de 30 ans est reculée de la durée des services militaires, sans pouvoir dépasser 40. Les conditions d'âge et d'aptitude spécialement exigibles des mutilés sont à l'étude.

ŒUVRES DE SECOURS ET DE RÉÉDUCATION

La Fédération nationale d'assistance aux mutilés, 63, avenue des Champs-Élysées, publie un rapport sur le fonctionnement de l'Œuvre depuis sa création.

Parmi les Comités affiliés, celui de Paris s'est occupé avec succès non seulement du placement des mutilés aptes à trouver un emploi sans préparation spéciale, mais aussi de la rééducation des mutilés. Il a ouvert 51 *bis*, rue des Epinettes, dans les locaux de la Société pour le développement de l'apprentissage, des ateliers où se forment des ferblantiers, tailleurs, cordonniers, ajusteurs, etc. Certains amputés ont été placés dans des instituts spéciaux pour se préparer à des emplois de comptables, de préposés des contributions indirectes, etc. Le Comité subventionne diverses œuvres formant des mutilés à la fabrication des tapis (Œuvre de l'Art et la Femme, atelier au Lycée Carnot) ou au repoussage de l'étain (Atelier des Mutilés de l'Armée, 91, rue Boileau). D'autres sont orientés vers la fabrication des jouets, la bijouterie, le verre soufflé (4, rue Gît-le-Cœur). La rééducation de plus de 200 mutilés est ainsi assurée.

Le Comité de Paris a ouvert un « internat » quai de la Rapée pour les mutilés isolés. Il réunit plus de 50 mutilés qui apprennent les métiers de cordonnier, bourrelier, tailleur, ou reçoivent une instruction administrative dans des cours.

Il donne 3 fr. 50 par jour à tout mutilé dont il a entrepris la réadaptation : cette somme s'ajoute à l'allocation de l'Etat, généralement 1 fr. 70 par jour.

Un assez grand nombre d'Associations provinciales sont affiliées à la Fédération : Bayonne, Besançon, Limoges, Nancy, Nîmes, Le Havre, Pau, Toulouse, Versailles, Rouen, Yvetot, Marseille (œuvre municipale), prochainement sans doute Lyon.

L'adaptation des mutilés à l'agriculture est poursuivie, sous les auspices de la Fédération par l'Union des Syndicats du Sud-Ouest, à l'Ecole de Limonest, près Lyon ; il est probable que cet exemple sera suivi par d'autres unions ou sociétés agricoles.

La Fédération assure la fourniture d'appareils prothétiques aux mutilés dont elle suit la rééducation. Pour les autres, elle ne participe, en principe, à la dépense que si elle obtient une collaboration.

La Fédération n'intervient en faveur des mutilés qu'après guérison, et lorsqu'ils ont obtenu leur réforme, ou ont été placés en congé illimité.

L'aide immédiate aux invalides et réformés de la guerre,
325, rue St-Martin

L'Aide immédiate aux invalides et aux réformés de la guerre reçoit tous les jours, de 2 heures à 4 heures, les réformés n° 1 et n° 2 et les convalescents ayant un long délai de convalescence.

Elle donne à ceux qui paraissent le mériter un secours immédiat de 5 à 10 fr. maximum.

Elle se met à leur disposition pour les placer, soit directement chez les patrons, soit dans des écoles spéciales suivant les cas, et complète par l'appoint suffisant un salaire de 3 fr. 50 ; l'allocation journalière de l'État donnée aux réformés nº 1, en attendant leur pension, reste bien entendu en dehors de ce salaire.

Elle s'occupe du traitement des réformés nº 2 pour tuberculose et les fait soigner dans un hôpital dans la limite des places disponibles.

L'Œuvre des réformés de la guerre

Le dispensaire chirurgical de l'Œuvre des Réformés de la guerre et des Soldats convalescents reçoit les réformés nº 1 et 2 dont l'état de santé réclame les conseils d'un chirurgien ou les soins d'infirmières expérimentées.

Tous les matins, de 9 h. 1/2 à midi, le directeur (au siège social, 49, rue de Vaugirard) se tient à la disposition des convalescents et réformés pour tous renseignements, demandes d'hospitalisation, etc.

L'assistance aux convalescents militaires, 43, Chaussée d'Antin (antérieurement, 10, rue Auber).

Cette œuvre a entrepris l'assistance extrêmement intéressante et un peu négligée des tuberculeux militaires.

Annexe à Bagneux pour les tuberculeux déclarés.

Annexe à Thiais pour les suspects ou prétuberculeux.

Association nationale des Mutilés de la guerre

Cette Association a son siège à l'Hôtel des Invalides, 6, boulevard des Invalides, et une permanence fonctionne de 2 à 5 h. pour donner tous les renseignements aux mutilés hospitalisés ou non. — Caisse de secours et de prêts. — Consultations juridiques et médicales. — Placement. — Démarches auprès des administrations publiques, etc. (Œuvre en formation dont nous ne pouvons donner actuellement que le programme.)

L'avenir des mutilés de la guerre,

2, place Possoz, Paris.

Cette Société s'occupe d'enseigner un travail manuel ou autre, permettant aux soldats infirmes victimes de la guerre de gagner honorablement leur vie.

Une permanence est ouverte les lundi, mardi et mercredi dans la matinée.

Ecole nationale de Cluses[1]

(*Ministère du Commerce*)

HORLOGERIE ET PETITE MÉCANIQUE DE PRÉCISION

Une Section d'horlogerie spéciale aux Mutilés de guerre a été ouverte à l'Ecole nationale d'horlogerie de Cluses.

Le logement, la subsistance et l'enseignement sont assurés gratuitement aux apprentis.

L'horlogerie, et surtout la fabrication des montres, compte au nombre des industries dans lesquelles la division du travail est largement pratiquée.

Pour certains travaux, l'ouvrier n'a qu'un *apprentissage sommaire* à faire. Quelques mois y suffisent et des blessés, dont l'unique ambition est de gagner le plus vite possible une petite journée, pourront ainsi trouver *dans les fabriques* des emplois de finisseurs d'aciers, poseurs, pivoteurs et piqueurs de pignons.

Les spécialités suivantes : remonteurs, outilleurs et estampeurs, conducteurs de machines automatiques exigent un apprentissage plus long.

Enfin, le métier d'horloger-rhabilleur, qui constitue un débouché particulièrement intéressant et qui a l'avantage de pouvoir s'exercer *à domicile*, demande un apprentissage d'environ 2 ou 3 ans.

La profession d'horloger convient plus particulièrement aux mutilés des membres inférieurs. Pour pouvoir l'exercer avantageusement, il faut avoir la main droite à peu près indemne, la main gauche avec trois ou deux doigts au moins, dont le pouce, et un œil de bonne vision.

Les blessés dont les aptitudes seraient après un stage de un, deux ou trois mois reconnues insuffisantes, devront céder leurs places à d'autres. Dès que l'admission est définitive, l'outillage, prêté pendant la durée du stage, devient la propriété personnelle de l'apprenti. Celui-ci l'emporte à sa sortie de l'Ecole.

La journée de travail est de 10 heures, dont 9 heures d'établi et une heure de technologie ou de théorie élémentaire.

L'Etablissement est ouvert à tous les blessés, qu'ils soient réformés ou en instance de réforme.

---

1. Cluses est une jolie bourgade située dans la pittoresque vallée de l'Arve (Haute-Savoie).

Les demandes de renseignements relatives à l'admission et à l'enseignement professionnel doivent être adressées à M. LE DIRECTEUR DE L'ECOLE NATIONALE D'HORLOGERIE DE CLUSES (HAUTE-SAVOIE).

CONNAISSANCES EXIGÉES DES ÉLÈVES
POUR PROFITER DE L'ENSEIGNEMENT

Les jeunes gens qui constituent les élèves habituels de l'Ecole doivent être munis du certificat d'études primaires, ou posséder les connaissances exigées pour l'obtention de ce certificat.

Pour bien réussir, il vaut mieux que les mutilés aient aussi ce degré d'instruction. Il est donc désirable qu'ils possèdent les connaissances ci-après :

> Lecture ;
>
> Ecriture lisible et courante ;
>
> Orthographe à peu près correcte ;
>
> Arithmétique élémentaire (c'est-à-dire les 4 règles, les fractions, le système métrique, les règles de trois).

Il convient, en principe, qu'ils n'aient pas plus de trente ans.

PLACEMENT DES ÉLÈVES A LA FIN DE LEURS ÉTUDES

L'Ecole se préoccupe du placement de ses élèves et est grandement et efficacement aidée dans cette tâche par l'ASSOCIATION AMICALE DES ANCIENS ELÈVES, organisation heureuse et forte, dont la plupart des membres sont établis dans le commerce ou dans l'industrie.

Sans parler des horlogers rhabilleurs qui, après avoir pendant quelques années exercé leur profession chez divers patrons, songent pour la plupart à s'établir eux-mêmes horlogers commerçants, voici quelques-unes des situations qui s'offrent aux élèves de la section de petite mécanique de précision et d'électricité :

Construction de matrices et poinçons pour découpages et emboutissages divers ;

Machines-outils de précision ;

Grosse et moyenne horlogerie mécanique et électrique ;

Moteurs à explosion ;

Compteurs ;

Instruments de précision ;

Stations d'électricité (conducteurs ou chefs de).

CATÉGORIES DE MUTILÉS AUXQUELS L'ECOLE PEUT RENDRE SERVICE

L'Ecole nationale de Cluses peut rendre de grands services à deux catégories différentes de mutilés :

1º Ceux qui sont dans le besoin et doivent très rapidement gagner leur vie ;

2º Les jeunes gens ou jeunes hommes, qui, se destinant à une carrière active ou l'exerçant déjà, doivent y renoncer à cause de leur mutilation et sont obligés désormais à une existence sédentaire.

On a plus spécialement songé à la 1ʳᵉ catégorie, pour laquelle l'Etat alloue au Comité d'assistance une allocation journalière de 1 fr. 50, ainsi que le montant de l'outillage à fournir à chaque blessé pendant toute la durée de l'apprentissage, 180 francs environ. Il est intéressant aussi de faire connaître l'Ecole aux mutilés du second groupe qui peuvent, soit par eux-mêmes, soit par leur famille, se procurer les 100'francs nécessaires pour payer chaque mois leur pension et leur habillement, le seul enseignement leur étant fourni gratuitement par l'Ecole.

RÉGIME DE L'ECOLE

Les mutilés nécessiteux sont logés et nourris dans un local mis à la disposition du Comité d'assistance.

Les autres peuvent trouver en ville des pensions au prix de 55 fr. à 60 fr. par mois, pensions très bien tenues et où ils auraient l'existence de famille[1].

Les Ateliers permettraient de recevoir une soixantaine de blessés, voire une centaine : ce nombre est actuellement loin d'être atteint.

Ecole nationale de Fayl-Billot — Vannerie

La section de vannerie des mutilés de la guerre, créée récemment par les ministères de l'Agriculture et du Commerce et de l'Industrie à l'Ecole nationale de Fayl-Billot (Haute-Marne), est actuellement en plein fonctionnement.

Les mutilés qui désirent apprendre la vannerie sont priés de se faire inscrire sans retard, en écrivant au directeur de l'Ecole. L'apprentissage dure trois mois pendant lesquels les mutilés sont instruits, nourris et couchés gratuitement à l'école. Des places dans l'industrie sont mises à leur disposition aussitôt leur apprentissage terminé.

---

[1]. Les personnes désireuses de se trouver dans un milieu catholique devront se renseigner avant de fixer leur choix, Cluses renfermant quelques éléments protestants.

La durée de l'apprentissage est de 3 mois. Un ouvrier vannier peut gagner normalement 0 fr. 65 à 0 fr. 90 et même de 1 fr. à 1 fr. 25 pour les travaux de luxe.

Institut agricole des mutilés à Sandar-Limonest, près Lyon

Cette école de mutilés a été créée dans une Institution Agricole (INSTITUTION PAUL-MICHEL PERRET) sous le patronage de l'Union des Syndicats agricoles du Sud-Est.

On s'y attache tout particulièrement à déterminer les méthodes, appareils et outils les mieux aptes à permettre aux invalides l'exercice des professions agricoles (agriculture, bétail, abeilles, basse-cour, jardinage, taille, etc.).

Les élèves sont logés et nourris gratuitement ; ils ne reçoivent pas de salaire, à moins de conventions contraires.

Adresser les demandes de renseignements au Représentant à Lyon, 21, rue d'Algérie.

Ecole Rachel

140, rue de Bagneux, Montrouge.

Admission gratuite. Places pour 100 à 150 mutilés. Ajustage. — Machines-outils. — Mécanique électrique. — Ferblanterie. Durée des cours, 6 à 8 mois.

Travaux de bonneterie

Après un assez court apprentissage, l'Association de la Bonneterie de l'Aube se charge de donner aux mutilés des membres inférieurs l'habileté manuelle suffisante pour arriver à gagner de bonnes journées. Pour renseignements plus complets, s'adresser à M. le Président de la Chambre syndicale de la Bonneterie à Troyes.

La rééducation des grands blessés à Lyon,

par Edouard HERRIOT, *Les Annales*, 10 octobre 1915

Les invalides sont astreints à l'internat qui paraît être à beaucoup de bons esprits le régime dont on doit attendre les meilleurs résultats. Les deux écoles (Rachais et Tourvielle) ne sont ouvertes qu'aux grands blessés dont la rééducation fonctionnelle est achevée. Les tuberculeux n'y sont pas reçus.

Professions et métiers enseignés : Comptables. — Fabrication et décor de petits jouets. — Brocheurs. — Cordonniers. — Tailleurs. — Horticulteurs.

Pension et instruction gratuites.

Sur les **Ecoles de rééducation de Lyon**, consulter la brochure *Les Ecoles professionnelles de blessés* (41, rue Rochais et 26, chemin de Tourvielle, Point du Jour, à Lyon).

La Ville de Paris et les amputés

La Ville de Paris vient d'ouvrir pour les amputés de Paris et du département de la Seine un établissement de rééducation fonctionnelle et professionnelle.

Les militaires amputés et guéris, en état de recevoir avec la rééducation des appareils à leur convenance, peuvent adresser leur demande à l'Office Départemental à l'Hôtel de Ville de Paris.

Cours gratuit d'enseignement commercial

Le Comité central de secours aux victimes de la guerre a ouvert, le 23 août 1915, rué Edouard-VII, un institut d'enseignement commercial (sténographie, dactylographie, langues, classement, etc.). Cet institut est spécialement réservé aux victimes de la guerre (mutilés, réformés, veuves, orphelins, réfugiés, etc.), qui peuvent se faire inscrire tous les jours, entre 18 et 19 heures, au siège social, rue de Richelieu, 98.

Cours gratuit de comptabilité et d'administration

INSTITUT ADMINISTRATIF, 5, rue Paul-Louis-Courier.

Pour être admis, s'adresser à la Fédération Nationale d'Assistance aux Mutilés, 63, avenue des Champs-Elysées.

♣

LES AVEUGLES

BIBLIOGRAPHIE

A propos des soldats aveugles (Développement de leur sensibilité. Possibilité de les utiliser en les replaçant dans leur milieu antérieur), Les « Etudes », 5-20 juillet 1915.

La Réadaptation des soldats mutilés et aveugles, P. Villez, *Revue des Deux Mondes*, 1er octobre 1915.

Les Soldats Aveugles, par F. Rocquain, dans *La Revue Hebdomadaire* du 28 août 1915.

La *Revue Philanthropique* du 15 octobre 1915 consacre également quelques pages à cette Œuvre et indique la méthode employée et les résultats obtenus (brosserie, vannerie, dactylographie).

ŒUVRES

Quelques renseignements pratiques :

L'hospitalisation des aveugles est assurée par l'Etat dans la maison de convalescence, annexe des Quinze-Vingts, 99 *bis*, rue de Reuilly.

L'assistance individuelle, la visite à domicile sont pratiquées par l'**Association Valentin Haüy**, 9, rue Duroc, et par la **Société des Amis des soldats aveugles**, 130, avenue Daumesnil (Mairie du XIIe arrondissement). Cette dernière œuvre est spécialisée aux victimes de la guerre, s'occupe des cas d'espèce, facilite à ses protégés l'apprentissage, l'exercice d'un métier, et même la fondation d'un foyer. Elle s'intéresse particulièrement à l'annexe des Quinze-Vingts, rue de Reuilly, 99 *bis*. On trouvera sur elle une étude intitulée : **Association Valentin Haüy**. — A organisé une section spéciale pour les soldats aveugles (s'adresser 9, rue Duroc). — A publié une notice extrêmement intéressante et pratique sur la réadaptation des aveugles.

Œuvre du soldat aveugle

Cette œuvre est établie pour ceux qui ont des charges de famille ou de vieux parents qu'ils ne peuvent plus soutenir.

Une allocation annuelle est offerte par la Société à ces aveugles, pour les aider à se loger.

Une permanence est ouverte les lundi, mercredi et vendredi, de 10 h. à midi, 64, rue du Rocher.

Le **Comité Franco-Américain pour les aveugles de la guerre** se propose de venir en aide aux officiers et soldats que leur culture intellectuelle prédispose à un débouché autre que les métiers manuels. (Adresser les demandes à M. Walter Abbot, 5, rue François Ier, au siège de l'American Relief clearing House, Comité central des secours américains.

III

DÉCÉDÉS, DISPARUS
PRISONNIERS

DÉCÉDÉS

ACTES OU AVIS DE DÉCÈS.

Caractère des avis de décès délivrés par l'autorité militaire

L'officier chargé des inhumations sur le champ de bataille établit, en présence de deux témoins, un *procès-verbal de constation de décès*, sur lequel il relate le numéro matricule, les noms, prénoms et autres renseignements inscrits sur la plaque d'identité, ainsi que toutes autres indications qu'il peut recueillir.

Ce procès-verbal est inscrit par cet officier sur son *registre d'état civil*, et l'administration de la guerre en délivre des *copies*, à toutes fins utiles, *aux familles* qui le demandent. *Il ne constitue pas toutefois un véritable acte d'état civil*, mais un élément pour poursuivre la déclaration judiciaire de décès. D'ailleurs, afin de réduire le plus possible les erreurs qui peuvent se produire, celle-ci ne peut, en général, être sollicitée qu'après la rentrée des militaires actuellement en captivité. En attendant, l'administration de la guerre délivre aux familles, qui en font la demande, copie des procès-verbaux de déclaration de décès. (*J. officiel*, 18 juillet 1915).

Défaut d'avis de décès

Le secours immédiat peut être accordé si par une information officieuse (Comité de la Croix-Rouge ou lettre particulière) la présomption de décès est suffisamment établie.

Rectifications des actes de décès

Loi du 30 septembre 1915.

Les actes de décès des militaires et marins dressés aux armées jusqu'à la fin des hostilités peuvent, s'ils présentent des lacunes ou des erreurs, être rectifiés administrativement par le ministre de la

guerre ou de la marine, et être renvoyés au maire du dernier domicile
du défunt avec ces rectifications.

Les actes déjà transcrits sur les registres de l'état civil peuvent
être rectifiés sur requête du maire, soit du procureur de la République, soit des parties intéressées, soit d'office.

L'expédition rectifiée est transmise par le ministre compétent au
procureur de la République, qui la fait transcrire dans les conditions
prévues par l'article 101 du code civil.

SUCCESSIONS

Successions de militaires tués à l'ennemi

Sont exemptés, par la loi du 26 décembre 1914, des droits de
mutation, les parts nettes recueillies par les ascendants, descendants
ou veuves, dans la succession des militaires morts sous les drapeaux
pendant la guerre actuelle, ou morts dans l'année après la fin des
hostilités, de blessures reçues ou de maladies contractées pendant la
guerre, ou des personnes tuées par l'ennemi au cours des hostilités.

Mais on doit toujours faire, dans les délais (six mois en principe),
la déclaration de succession, en y joignant un certificat de l'autorité
militaire constatant la cause du décès.

Le point de départ du délai pour la déclaration de succession est
reporté au jour de la cessation des hostilités pour les successions
désignées ci-dessus et ouvertes pendant la guerre, quelle que soit la
personne appelée à les recueillir.

Civils tués à l'ennemi (Maire).

Aux termes de l'article 6 de la loi du 26 décembre 1914 (*Journal
officiel* du 28 décembre), « sont exemptés de l'impôt de mutation
par décès les parts nettes recueillies par les ascendants et descendants et par la veuve du défunt dans les successions, 1°..., 2°...,
3°... de toutes personnes tuées par l'ennemi au cours des hostilités. »

L'immunité d'impôt profite, par conséquent, aux enfants d'un
magistrat de l'ordre administratif tué par l'ennemi. Elle est subor-
donnée, toutefois, au dépôt d'une déclaration régulière, accompagnée d'un certificat de l'autorité militaire établissant les circonstances du décès. (*J. Off.* du 1er septembre 1915, Réponse à la
question 3603.)

Assistance judiciaire

L'assistance judiciaire peut être demandée par lettre adressée à M. le Procureur de la République, même sans produire un certificat de non-imposition. Il suffit de produire, à l'appui de la demande, à défaut du certificat de non-imposition, un extrait des rôles des contributions et un certificat du maire constatant que le demandeur a déclaré qu'il n'avait pas de ressources suffisantes pour payer les frais de l'instance ou de l'acte pour lequel il voudrait obtenir l'assistance judiciaire.

En cas de fausse déclaration, des poursuites correctionnelles peuvent être dirigées contre le déclarant.

Le bureau de l'assistance judiciaire, sur le vu de la demande et des pièces ci-dessus indiquées, accorde ou refuse l'assistance. Celle-ci peut être accordée non seulement pour une instance, mais encore pour divers actes et notamment le dépôt d'un testament, un envoi en possession, l'apposition ou la levée de scellés, etc.

Une circulaire de M. le Garde des Sceaux a invité les bureaux d'assistance judiciaire à se montrer assez larges pour l'appréciation de l'insuffisance des ressources des demandeurs quand il s'agit de successions de mobilisés.

Pour les avis des parents concernant des mineurs, de même que pour les actes nécessaires pour la convocation et la constitution des conseils de famille et l'homologation des délibérations de ces conseils, la gratuité, en cas d'indigence des mineurs, peut être accordée sans que l'on ait à demander l'assistance judiciaire dans les formes ordinaires.

En pareil cas, la gratuité est accordée aux termes de l'art. 12, § 2 de la loi du 26 janvier 1892, lorsque l'indigence est constatée, conformément aux art. 6 et 8 de la loi du 10 décembre 1850, c'est-à-dire sur un certificat d'indigence délivré par le Commissaire de police, ou par le Maire dans la commune où il n'y a pas de commissaire de police, sur le vu d'un extrait du rôle des contributions constatant que les parties intéressées payent moins de 10 francs, ou d'un certificat du percepteur portant qu'elles ne sont pas imposées. Ce certificat doit être visé et approuvé par le juge de paix.

On délivre autant d'originaux de certificats d'indigence qu'il y a de bureaux d'enregistrement où on doit les produire.

DIVERS

La croix de guerre des militaires décédés

La Croix de Guerre est remise à titre de souvenir aux parents des ayants droit décédés sur demande adressée au général commandant la région (ancien corps d'armée pour la zone de l'intérieur) dans laquelle ils se trouvent. Aucune demande ne doit être adressée au Ministère de la Guerre. Joindre à la demande une copie, certifiée par le maire ou le commissaire de police, de la citation à l'ordre, ainsi qu'une justification d'identité ou de parenté.

Les vêtements civils des militaires décédés ou disparus.

Des instructions sont données aux dépôts de corps de troupe en vue de faire remettre directement, par les soins des municipalités intéressées, les vêtements civils laissés dans les magasins des corps par des militaires décédés ou disparus.

(Rép. du Min. de la Guerre à la question 4553, *J. Off.* du 17 octobre 1915.)

Livret militaire

Les livrets militaires des soldats tués à l'ennemi sont remis aux familles, lorsqu'ils ont pu être retrouvés. Ils doivent mentionner d'office, ou sur réclamation des familles en cas d'omission : « Tué à l'ennemi ». — « Campagne contre l'Allemagne du... au... »

Réclamation des objets ayant appartenu aux militaires décédés

Le bureau de Comptabilité et de Renseignements des Armées qui recueille les colis de succession, effets, papiers et valeurs, ayant appartenu à des militaires décédés, et les remet aux ayants droit, a été transféré du 24 de la rue de l'Université au n° 1 de la rue Lacretelle, à Paris.

Transport des restes des militaires décédés dans la zone de l'intérieur

Le *Journal Officiel* ainsi que les journaux ont fait paraître une note ministérielle, informant le public qu'aucune inhumation de corps de militaires dont les tombes sont dans la zone de l'armée ne serait autorisée avant la fin des hostilités. Il n'était pas question des militaires décédés dans les hôpitaux de l'intérieur, dont les restes peuvent être transférés comme en temps de paix.

Par suite, les prescriptions de l'Instruction du 11 décembre 1903 (modifiée le 5 février 1910), vol. 100⁸ suppl. page 19, semblent rester en vigueur.

Cette instruction prévoit :

Art. 1ᵉʳ. — Le remboursement des dépenses occasionnées par le transport des restes du militaire, lorsqu'il a été effectué par les soins de la famille.

Art. 2. — Cette subvention est exclusivement réservée aux familles dépourvues de ressources suffisantes pour supporter la dépense et est accordée après enquête...

Art. 3. — La subvention peut comprendre les dépenses ci-après :

« Frais d'exhumation et taxes municipales ;

« Frais d'achat des cercueils et des matières antiseptiques nécessaires pour les garnir ;

« Frais de transport par terre et par voie ferrée ;

« Frais de vacation de police ;

« Frais de timbre. »

Les frais d'inhumation définitive, de concession de terrain, etc., restent à la charge des familles.

Art. 4. — Les demandes de subventions doivent être adressées au Ministre de la Guerre (Direction de l'Intendance, Bureau des transports et frais de déplacements), qui fait procéder par les soins de l'autorité militaire à une enquête sur les ressources dont disposent les pétitionnaires.

Les résultats de l'enquête, mentionnant la réponse de la Municipalité, sont adressés au Ministère de la Guerre (même bureau). Ils comprennent en outre, s'il s'agit d'une demande de remboursement de frais de transport, la justification détaillée des dépenses faites par le pétitionnaire (factures, mémoires, récépissés de chemin de fer).

Art. 6. — Lorsque la décision du ministre comporte remboursement de dépenses, la somme accordée est immédiatement mandatée au profit de l'ayant droit par le service de l'Intendance. Mais si les dépenses comprennent des frais de transport en chemin de fer, le mandat n'est remis au destinataire qu'en échange d'une déclaration signée de lui établissant qu'il a été intégralement remboursé de ses frais. Cette déclaration est indispensable pour que l'Administration de la Guerre obtienne une détaxe de la Compagnie qui a fait le transport : elle doit, à cet effet, mentionner le prix de transport en toutes lettres, et la signature du déclarant doit être légalisée par le maire ou le commissaire de police.

BIBLIOGRAPHIE

Histoire Anecdotique de la Guerre, par Franc Nohain et P. Delay.

Fascicule 5 : *Les Blessés et les Morts*. (Utiles renseignements sur les œuvres et la réglementation relatives aux blessés et convalescents. La recherche des prisonniers et des disparus. La constatation des décès.)

Lethielleux, 10, rue Cassette, o fr. 60. (Édition populaire à o fr. 50, le fascicule 5.)

Décès et disparition aux armées, Ph. Fougerol, Berger-Levrault, 5, rue des Beaux-Arts, o fr. 75.

Voir aussi *Prisonniers*.

♣

DISPARUS — FAMILLES DISPERSÉES

Comment orienter les démarches pour rechercher des disparus ?

On doit tout d'abord s'adresser au DIRECTEUR GÉNÉRAL DES RECHERCHES (École de guerre, Paris) et au dépôt, si le sort actuel du militaire est connu. (Adresser la demande à M. l'Officier Chef du Service de la Comptabilité et des Renseignements).

Si le militaire est présumé prisonnier, adresser une demande de renseignements à l'AGENCE DES PRISONNIERS DE GUERRE DE LA CROIX-ROUGE FRANÇAISE, 63, avenue des Champs-Élysées.

Si aucune indication n'a pu être donnée par le dépôt, écrire : aux NOUVELLES DU SOLDAT, 5, rue Jules Lefebvre, Paris ; à l'ASSOCIATION FRANÇAISE POUR LA RECHERCHE DES DISPARUS, 2, rue de Sèze, Lyon, représentée à Paris par M. Chevallier-Bertheville, 34, rue du Bac. Publie les avis de disparition (1 fr. l'insertion) dans un journal hebdomadaire, *La Recherche des Disparus*, envoyé à tous les dépôts et hôpitaux militaires.

Les indications à produire pour toute demande, quelle que soit l'œuvre à laquelle elle est adressée sont les suivantes :

Personne recherchée :

Nom ;

Tous les prénoms ;

Lieu et date de disparition.

S'il s'agit d'un militaire :

Grade ;

Régiment ;

Compagnie, Escadron, Batterie ;

Classe ;

Matricule au régiment et au corps (si possible).

S'il s'agit d'un civil :

Adresse exacte avant la guerre ;

Ajouter au nom du mari le nom de jeune fille et l'âge pour les femmes mariées ;

Indiquer le sexe et l'âge pour les enfants.

Personne produisant la demande :

Nom, degré de parenté et adresse.

Si la demande est formée par un militaire, ajouter :

Hôpital ;

Régiment et compagnie en toute hypothèse.

Nouvelles des régions envahies

Les œuvres de recherche de disparus ont fait connaître récemment qu'elles étaient en mesure de donner des renseignements sur la situation d'un certain nombre de localités occupées par l'ennemi et même de leurs habitants, grâce à des indications fournies par les rapatriés.

Listes de rapatriés

On peut consulter à notre Secrétariat central toutes les listes de rapatriés publiées par l'Association française pour la recherche des disparus.

Les listes antérieures de rapatriés viennent d'être complétées par la publication d'un fascicule comprenant les passages du 1er au 30 septembre 1915 : le voir à l'Office de renseignements pour familles dispersées, 27, avenue de l'Opéra, et au Comité Central Suisse de secours, 15, rue Richer, Paris, ainsi qu'au Bureau des Recherches de l'Hôtel de Ville de Lyon.

ŒUVRES

. **Bureau de renseignements gratuits sur les militaires, les évacués français et les réfugiés belges,** 95 *bis*, rue des Marais. — Moyens d'informations divers à la disposition des personnes recherchant des disparus. Listes officielles françaises, listes suisses de rapatriement, listes individuelles d'évacuation et d'hospitalisation. Organes régionaux.

L'Humanitas
Lausanne, 10, rue des Terreaux.

Ce bureau s'occupe spécialement de la recherche des réfugiés. Cette Œuvre permet aux différents membres d'une famille dispersés dans des camps de rentrer er. communication.

♣

PRISONNIERS

Mariage par procuration de prisonniers de guerre.
Loi du 19 avril 1915

Article 1er. — Les dispositions de la loi du 4 avril 1915 qui permet en temps de guerre le mariage par procuration des militaires et marins présents sous les drapeaux sont applicables aux militaires et marins prisonniers de guerre.

La procuration pourra être établie par les agents diplomatiques ou consulaires de la puissance étrangère chargée des intérêts français dans les pays où ces militaires et marins sont retenus en captivité.

Elle sera dispensée des droits de timbre et d'enregistrement.

Prisonniers titulaires d'une retraite

Les retraités qui, ayant repris du service à l'occasion de la guerre actuelle, ont été faits prisonniers et qui n'étaient point à la solde mensuelle lors de leur capture, peuvent demander que tous les arrérages échus de leur pension leur soient envoyés ou qu'ils soient versés en France à une personne par eux désignée. Ils doivent s'adresser à cet effet, soit au Ministère de la Guerre (Bureau des renseignements aux familles, école supérieure de guerre), soit au Ministère des Finances (bureau des pensions).

La même faculté est accordée aux retraités mobilisés avec solde mensuelle en ce qui concerne : 1º les arrérages échus au jour de la mobilisation ; 2º les arrérages afférents à une période pendant laquelle ils auraient perçu une solde journalière antérieurement à leur admission à la solde mensuelle. (*Rép. du Min. de la Guerre à la question* 5428, *J. Off.* du 14 novembre 1915.)

Retraits de Caisse d'Epargne

Lorsque les titulaires de livrets sont prisonniers, aucun remboursement ne peut être effectué sur le capital du livret que sur présentation du livret et d'une autorisation du titulaire (lettre ou carte postale). (*J. Off.* du 18 août 1915. — Réponse à la question 3970.)

ŒUVRES

Envois de livres

Adresser les souscriptions et les livres avec la mention : *Lectures pour les soldats*, à M. Geoffroy de Grandmaison, président de la *Société Bibliographique*, 5, rue de Saint-Simon, Paris (VIIᵉ).

Signalons également l'œuvre de *La Presse pour Tous*, 10, rue d'Anjou. Envois aux adresses indiquées par les donateurs.

Envois de pain

Comité interdépartemental d'Annecy : 2 fr. 25 pour 4 kg. par mois ; 4 fr. 50 pour 8 kg.

M. Dufresne, 21, rue Corraterie (Genève) : 5 fr. pour 2 kg. par semaine pendant un mois.

On peut s'adresser aussi au Bureau de Secours aux Prisonniers de Guerre à Berne.

Pour éviter les doubles emplois, faire connaître à l'Agence des Prisonniers de Guerre, 63, avenue des Champs-Elysées, le nom, l'adresse et l'identité militaire des prisonniers secourus périodiquement.

BIBLIOGRAPHIE

Les Prisonniers de Guerre, Armand Colin, 103, boulevard Saint-Germain, 1 fr. 25.

Démarches à faire et œuvres à utiliser pour rechercher les prisonniers. Listes des camps d'internement. Correspondance. Colis postaux. Télégrammes. Envois d'argent. Œuvres diverses de secours. Rapport du baron d'Anthouard sur le traitement des prisonniers de guerre en France et en Allemagne. Texte de la Convention de la Haye sur les prisonniers de guerre.

La Guerre et l'Organisation internationale de la Charité en Suisse, MAX TURMANN. Le *Correspondant,* numéro du 25 mars : Le rapatriement des prisonniers civils. — 10 avril : Les Œuvres catholiques ; Le Secrétariat international des Œuvres de la Protection de la Jeune Fille ; L'Agence Gerdil ; La Mission catholique suisse auprès des Prisonniers de Guerre. — 25 avril : L'Agence des Prisonniers de Guerre. — 25 juin : La Croix-Rouge internationale, visite des camps de prisonniers, l'échange des grands blessés, la Commission des otages, l'action de la Société de Saint-Vincent de Paul (le pain du prisonnier de guerre) ; Les Œuvres protestantes ; Le Bureau de Secours aux Prisonniers de Guerre.

☙ ☙ ☙

IV

PENSIONS MILITAIRES ET CIVILES
SECOURS
DU MINISTÈRE DE LA GUERRE

PENSIONS POUR BLESSURES OU INFIRMITÉS ;
PENSIONS ET GRATIFICATIONS DE RÉFORME[1]

La situation des victimes de la guerre peut être assez différente, on l'a vu, suivant la gravité de leur cas ou la cause qui a déterminé l'incapacité de continuer le service militaire. Il peut être intéressant de préciser avec quelques détails ces situations diverses.

I. Pensions proprement dites

Les pensions de retraite inscrites comme dette de l'Etat au livre des pensions du Trésor public sont obtenues pour ancienneté de service ou pour blessures et infirmités. Il ne sera question ici que de ces dernières pensions.

La loi a fixé d'une façon assez restrictive les cas où les blessures ou infirmités donnent droit à la pension. (V. L. du 11 avril 1831, art. 12, 13, 14.) Il faut : 1º que les blessures ou infirmités soient graves ou incurables ; 2º qu'elles proviennent d'événements de guerre ou d'accidents éprouvés en service commandé, ou encore que les infirmités soient reconnues provenir des fatigues ou dangers du service militaire.

Le droit à la pension est immédiat si les blessures ou infirmités ont occasionné la cécité, ou l'amputation ou la perte absolue de l'usage d'un ou plusieurs membres. Dans les cas moins graves, il n'y a, pour les non officiers, droit à la pension que si les blessures ou infirmités les mettent hors d'état de servir et de pourvoir à la subsistance.

---

1. Pour les *Secours*, voir pages 49 et suiv. pour les détails et les formalités à remplir.

La jurisprudence a assimilé aux cas spécifiés par la loi certaines blessures et infirmités qui sont décrites et classifiées dans des tableaux dressés par le Conseil supérieur de santé de l'armée.

II. Gratifications de réforme

Le militaire devenu incapable physiquement de faire un service d'activité, et qui n'est pas dans les cas prévus pour avoir la pension de retraite, est mis en congé de réforme, après avoir subi des examens médicaux et être passé devant une commission de réforme. (Instr. min. 3 mai 1844 et 6 nov. 1875.)

Congé n° 1. — Le congé dit n° 1 est délivré au militaire qui est reconnu atteint d'une blessure reçue dans un service commandé ou d'infirmités contractées à l'armée. Le congé de réforme n° 1 est également accordé pour infirmités existant avant l'incorporation, mais ayant acquis, par suites des fatigues du service, une augmentation entraînant l'incapacité de servir. (Instr. min. du 6 nov. 1875.)

Le militaire qui a reçu un congé de réforme peut obtenir une *gratification* renouvelable ou permanente (V. *Correspondance* n° 12, s.), p. 6 et décret du 24 mars 1915), quelquefois appelée improprement *pension.*

Les conditions sont : 1° que le service militaire soit la cause génératrice de l'état constaté ; 2° que la capacité de travail reste diminuée.

La décision de réforme n° 1 est prononcée par le ministre qui statue en même temps sur la concession de gratification. (Circulaire du 15 avril 1899.)

Congé n° 2. — Quand le militaire est atteint de blessures ou infirmités auxquelles le service est étranger, il lui est délivré un congé dit n° 2. Ce congé ne donne aucun droit à une gratification, puisqu'il n'y a pas de lien entre le service militaire et l'état de diminution des forces physiques. L'effet du congé n° 2 est seulement de libérer de toute obligation militaire.

La commission prononce directement la réforme quand elle donne lieu au congé n° 2. (Circ. précitée du 15 avril 1899.)

Réforme temporaire. — Il faut observer que, si la commission constatait que l'intéressé n'est pas atteint d'une infirmité ou maladie le mettant dans l'impossibilité absolue de servir et de rentrer ultérieurement au service, il ne lui serait pas donné de

congé définitif. Il serait placé en réforme temporaire. (L. du
18 avril 1898.)

L'homme en situation de réforme temporaire reste astreint aux
obligations de déclaration de changement de résidence ou domicile.
Il est, à l'expiration du congé de réforme, soumis à un nouvel
examen médical.

III. Aggravation. — Pouvoir d'appréciation. — Recours.

La situation réglée au moment de l'admission à la pension ou de
la mise en réforme ne peut pas avoir un caractère définitif et absolu.

1. Si les blessures ou infirmités venaient à s'aggraver, la situation
se trouverait modifiée et le militaire pourrait passer dans une
catégorie autre que celle où il avait été placé d'abord. (Décrets des
10 août 1886, 15 mai 1889.) Il pourrait notamment faire convertir
la gratification du congé n° 1 en pension viagère si, dans un délai
de cinq ans depuis la cessation de l'activité, les blessures ou infirmités viennent à réunir les conditions de gravité ou d'incurabilité
prévues par la loi. (D. du 24 mars 1915.) [1]. Un congé n° 1 peut être
substitué à un congé n° 2 si l'intéressé établit que son infirmité est
imputable au service.

2. L'état d'un blessé ou d'un malade, les conséquences de son état,
sont des appréciations de fait assez difficiles. Les règles qu'on peut
tracer, celles qu'on peut tirer des précédents de la jurisprudence ne
sont souvent que des approximations qui laissent place à la possibilité d'une solution spéciale à chaque cas soumis. Il peut donc être
douteux si une pension devra ou ne devra pas être accordée. Il faut
la demander, à moins d'être bien certain qu'on est en dehors des
cas où elle peut être accordée.

3. Le Conseil d'Etat, saisi de recours par les intéressés qui pré-
tendent que leur droit a été méconnu, a une juridiction étendue. Il
peut reconnaître que le droit à la pension existe alors qu'il avait été
dénié. La décision refusant une pension peut être l'objet d'un
recours contentieux ; celle accordant une pension, dans des conditions autres que celles auxquelles on prétend avoir droit, peut aussi
être déférée au Conseil d'Etat. Mais il n'en serait pas de même de
la décision refusant une allocation renouvelable, qui est un secours
accordé à titre gracieux. (Cons. d'Etat, 17 juillet 1900, Drouilly.)

---

1. La pension ou gratification ne peut subir de diminution si l'état du blessé s'améliore.

Lorsqu'il a été délivré un congé n° 2 et qu'un congé n° 1 a été refusé, il peut être formé un recours fondé sur ce que le refus aurait pour effet de dénier le droit à la pension qu'on prétend ouvert. (Dalloz, *Code des lois administratives*, t. V., Pensions militaires, n° 5297.)

Le délai de deux mois pour former recours devant le Conseil d'État est suspendu pendant la durée de la guerre (Déc. du 10 août 1914).

Divers

Réclamations contre les décisions des Commissions spéciales de réforme.

Les décisions des commissions spéciales de réforme sont définitives, mais elles peuvent faire l'objet d'un pourvoi en annulation pour vices de forme ou excès de pouvoir. Toutefois, un homme qui a été réformé n° 2, et qui estime avoir droit à la réforme n° 1, peut pendant un délai de cinq ans réclamer un nouvel examen. (*J. off.* du 18 août 1915, Rép. à la question 396.)

Blessé non réformé.
Maintien éventuel de la gratification en cas de réincorporation.

1° Un blessé de guerre, non réformé, peut obtenir une gratification, après sa libération normale, s'il est reconnu que, sans toutefois le rendre impropre au service militaire, ce qui motiverait la réforme, sa blessure entraîne une diminution de sa capacité de travail égale ou supérieure à 10 p. 100 ;

2° Tout homme versé dans le service auxiliaire est assujetti, quelle que soit la cause de cette mesure, et du moment qu'il se trouve sous les drapeaux, à la visite des trois médecins. Quant à la gratification, elle n'est maintenue à l'homme versé dans le service armé ou auxiliaire que s'il s'agit d'une gratification permanente ou d'une gratification sans réforme, et à condition que l'intéressé ne soit pas à solde mensuelle. (*J. off.* du 11 août 1915, Réponse à la question 3470.)

Pensions et gratifications de réforme.
Militaires originaires de régions envahies.

L'acte de naissance de l'intéressé est remplacé par un duplicata de la page de son livret matricule contenant les indications relatives

à l'état civil. Ce duplicata doit être corroboré par un acte de notoriété établi, sur certification de sept militaires déclarant connaître
l'intéressé, par le commandant du dépôt, le chef du corps mobilisé
auquel il a appartenu, le commandant de détachement ayant rang
d'officier, ou le médecin chef de l'hôpital ou du dépôt de convalescents. (Circ. du 28 avril 1915, *J. off.* du 11 mai 1915, et Note du
24 juillet 1915, *J. off.* du 3 août 1915.)

Militaires en réforme temporaire pour maladie
contractée au service.

Les réformés temporaires pour maladie contractée en service ont
droit à une gratification de réforme, payable pendant le temps que
doit durer la réforme temporaire, si l'infirmité entraîne une diminution de travail d'au moins 10 p. 100.

(Rép. du Min. dé la Guerre à la question 4403, *J. off.* du 13 octobre 1915.)

TAUX DES PENSIONS ET GRATIFICATIONS

Militaires mis en réforme pour blessure, infirmité ou maladie

	Pensions	Gratifications
Capitaine	2300 à 5070	» »
Lieutenant	1850 à 4200	» »
Sous-lieutenant	1500 à 3640	» »
Adjudant-chef	1100 à 1820	184 à 1820
Adjudant	1000 à 1690	168 à 1690
Aspirant	950 à 1625	159 à 1625
Sergent-major	900 à 1500	150 à 1500
Sergent	860 à 1430	134 à 1430
Caporal	700 à 1170	118 à 1170
Soldat	600 à 975	100 à 975

PENSIONS DES VEUVES ET DES ORPHELINS

DROIT A LA PENSION

Généralités

Les principes sont posés par la loi du 11 avril 1831, qui a reçu de nombreuses modifications, mais qui contient toujours les règles fondamentales en matière de pensions. D'après ces principes, le droit à la pension existe en faveur :

1° Des *veuves* de militaires tués sur le *champ de bataille* ou en *service commandé*[1] ;

2° Des *veuves* des militaires qui ont péri à l'armée ou hors d'Europe[2], et dont la mort a été causée soit par des *événements de guerre*, soit par des maladies *contagieuses* ou *épidémiques* aux influences desquelles ils ont été soumis par les obligations de leur service ;

3° Des *veuves* des militaires morts des *suites de blessures*[3] reçues soit sur le champ de bataille, soit dans un service commandé pourvu que le mariage soit antérieur à ces blessures ;

4° Des *veuves* des militaires morts *en jouissance de la pension* de retraite ou en possession des droits à cette pension, pourvu que le mariage ait été contracté deux ans avant la cessation de l'activité ou du traitement militaire du mari, ou qu'il y ait un ou plusieurs enfants issus du mariage antérieur à cette cessation.

---

1. La veuve d'un soldat décédé aux armées des suites d'une maladie contagieuse a droit à la pension de veuve du taux normal, soit 375 francs, et non à la pension exceptionnelle de 563 fr. due seulement aux veuves des militaires tués à l'ennemi (*J. Off.*, 9 mai 1915, Rép. du Min. de la Guerre).

2. La veuve d'un prisonnier décédé en pays ennemi à la suite d'une maladie contractée en captivité a droit à une pension et éventuellement à un secours d'urgence, si le décès est établi de façon certaine. (*J. Off.* 7 juillet 1915, Rép. du Min. de la Guerre).

3. L'interprétation donnée aux dispositions de la loi du 11 avril 1831 qui prévoient la concession de pensions en cas de décès par suite de maladie étant actuellement assez élargie, il peut y avoir opportunité à former une demande dans tous les cas où la maladie a été contractée, ou aggravée au service de l'Etat (fièvre typhoïde contractée dans les tranchées, affection pulmonaire ayant dégénéré en tuberculose caractérisée à la suite de séjour au front).

On pourrait même tenter d'obtenir une pension pour un réformé N° 2 décédé dans des conditions analogues, à la suite d'une maladie dont l'origine ou l'aggravation se rattache à des faits de guerre.

Il serait fort utile dans ces diverses hypothèses d'appuyer la demande d'un certificat médical établissant dans quelles conditions la maladie s'est développée.

L'*enfant* ou les *enfants*[1] *mineurs de militaires morts* dans les conditions indiquées, lorsque la mère est décédée ou se trouve déchue de ses droits à la pension, ont droit, quel que soit leur nombre, à un secours annuel égal à la pension que la mère aurait été susceptible d'obtenir. Ce secours cesse d'être payé lorsque le plus jeune a atteint 20 ans.

On peut enfin, en prévision de l'adoption des propositions présentées au Parlement, établir des dossiers de demande de pension en faveur des *ascendants*.

Origine du droit à pension

Loi du 25 juillet 1915 sur *l'origine du droit à pension* dans le cas où les veuves et orphelins des militaires et marins décédés sous les drapeaux ont invoqué le bénéfice des décrets des 9 octobre et 17 décembre 1914, pour profiter de la déclaration de solde jusqu'à la fin des hostilités. (*J. Off.* du 28 juillet 1915.)

Le droit à pension naît le lendemain du décès[2]. Si les ayants droit bénéficient d'une délégation de solde supérieure au montant de la pension, la jouissance des arrérages est suspendue pendant la durée de la délégation. Si le taux de la pension est supérieur, la délégation prendra fin au moment du décès et il peut être alloué des avances sur la pension. (Loi du 25 juillet 1905.)

Droit à une pension civile et à une pension militaire.
Faculté d'option

Les veuves et orphelins de fonctionnaires civils accomplissant un service militaire et ayant acquis droit à une pension, à titre militaire, peuvent opter pour le régime des pensions afférent à l'emploi civil, comme le militaire l'aurait pu lui-même, en renonçant au bénéfice de la pension militaire (Loi du 16 mars 1915).

TAUX DES PENSIONS

A. Pour les VEUVES d'officiers, le taux est de la moitié du maximum de celle afférente au grade, du tiers seulement dans le cas visé au 4°, ci-dessus.

---

1. La pension de veuve n'est accordée par la loi qu'aux femmes pouvant justifier de leur mariage avec le militaire décédé ; mais des secours gracieux peuvent être attribués aux enfants reconnus (*J. Off.* 16 mai 1915, Rép. du Min. de la Guerre).

2. Le Bureau des Archives administratives au Ministère de la Guerre, 6, rue Saint-Dominique, délivre des actes de décès mentionnant les conditions dans lesquelles le décès s'est produit. — Faire signer une demande par la veuve ou tout autre ayant droit qualifié.

Pour les veuves de sous-officiers, caporaux et soldats, trois quarts de la pension afférente au grade du mari, et dans le cas du 4° moitié.

	Tués à l'ennemi (morts des suites des blessures de guerre ou assimilés).	Morts de blessures (autres que les blessures de guerre) ou de maladies contractées en service commandé.
Capitaine	1650 à 1950	1100 à 1300
Lieutenant..........	1425 à 1650	950 à 1100
Sous-lieutenant	1150 à 1400	767 à 933
Adjudant-chef	1050	700
Adjudant	975	650
Aspirant............	937	625
Sergent-major	900	600
Sergent	825	550
Caporal	675	450
Soldat.............	563	375

FORMALITÉS.

Pièces à produire à l'appui des demandes de pension.
Veuves.

Régime général.

1° Demande de pension adressée au ministre de la Guerre et légalisée par le maire de la commune (ou de l'arrondissement, si le domicile est à Paris) ;

2° Acte de naissance de la veuve ;

3° Acte de célébration du mariage ;

4° Acte de décès du mari[1] ;

(Ces pièces doivent être dûment légalisées si elles ne sont pas délivrées dans le département de la Seine.)

5° L'état des services du mari, qui doit être réclamé au dépôt du régiment de celui-ci ;

6° Certificat délivré par l'autorité municipale sur la déclaration

---

1. Si la veuve ne peut se procurer cet acte, elle enverra tout de même son dossier en y joignant l'avis de décès adressé par la mairie ou par l'autorité militaire, et en mentionnant expressément que l'acte de décès n'a pu être obtenu.

de l'intéressée et l'attestation de deux témoins constatant : 1° qu'il n'y a eu entre les époux ni divorce ni séparation de corps ; 2° que la veuve jouit de ses droits civils ; 3° qu'il n'existe pas d'enfant mineur issu d'un précédent mariage du mari. (En cas de séparation de corps prononcée en faveur de la femme, produire un extrait du jugement) ;

7° Certificat de genre de mort, qui doit être demandé au dépôt du régiment du mari et peut être porté sur l'état des services visés ci-dessus. (Circulaire du 22 octobre 1914).

Toutes les pièces peuvent être établies sur papier non timbré et sans frais.

Veuves évacuées de régions envahies.

En ce qui concerne plus particulièrement les veuves évacuées de régions envahies et qui ne peuvent, par suite, produire leur acte de naissance ou leur acte de mariage, les observations suivantes sont à retenir par les intéressées pour leur permettre de suppléer aux deux actes qui leur manquent :

1° Acte de naissance. — A remplacer, s'il est possible, par une attestation signée de quatre habitants majeurs, évacués de la même commune que l'intéressée. Cette pièce devra être légalisée par le maire de la commune où réside actuellement l'intéressée (à Paris, de l'arrondissement).

A défaut, produire un acte de notoriété, délivré dans les conditions fixées par les articles 70 et suivants du Code civil. Cette seconde solution, en raison des frais qu'elle entraîne, n'est à adopter que s'il est absolument impossible de se procurer l'attestation dont il est question ci-dessus.

L'attestation ou l'acte de notoriété n'est exigé des veuves que si elles ne peuvent produire un acte de mariage, un livret militaire du mari ou un livret de mariage indiquant la date et le lieu de leur naissance.

2° Acte de mariage. — A remplacer par tout acte officiel ou authentique établissant l'existence du mariage : livret de mariage ; livret militaire ou état des services du mari portant mention du mariage ; acte de naissance portant mention du mariage ; acte notarié indiquant que telle personne a justifié de son mariage avec le militaire décédé.

Orphelins

Lorsqu'il s'agit d'orphelins, les pièces à fournir sont différentes — la demande doit être formulée par le tuteur. — Il faut joindre : 1° la délibération du conseil de famille ; 2° les actes de naissance des orphelins avec leur certificat de vie ; 3° certificat du maire constatant qu'il n'y a pas d'autres orphelins mineurs ; 4° acte de décès de la mère ou jugement prononçant le divorce ou la séparation aux torts de la mère.

Les autres pièces indiquées pour figurer dans le dossier des demandes de veuves doivent aussi se trouver dans le dossier des demandes pour orphelins. Les moyens d'y suppléer seraient les mêmes.

En principe, lorsque les conseils de famille sont convoqués, la présentation des actes de décès est nécessaire. Dans le cas où l'acte de décès d'un militaire tué à l'ennemi ne pourrait pas être produit, il appartient au juge de paix d'apprécier dans chaque espèce l'opportunité qu'il peut y avoir de réunir le conseil de famille sur la simple production d'un avis de décès. (Réponse du Ministre de la Justice à la question d'un député, (*J. Off.* 18 mai 1915).

AVANCES SUR PENSIONS ET SECOURS
AUX VEUVES ET ORPHELINS

Circulaire du 23 avril 1915 du ministre de la guerre sur l'attribution aux veuves et orphelins de militaires décédés d'avances sur les pensions ou secours[1]. (*J. Off.* 26 avril 1915.)

Aux termes du décret du 24 novembre 1914 (*Journal Officiel* du 28 novembre 1914), les veuves et orphelins de tous les militaires décédés au cours de la campagne actuelle peuvent obtenir des avances mensuelles égales aux 4/5 de la pension ou du secours annuel auquel ces veuves ou orphelins pourraient avoir droit d'après le grade du mari ou du père décédé.

Ces avances sont payées, pour les veuves ou orphelins délégataires :

----

[1]. Un projet de décret allouant des avances mensuelles aux officiers en instance de pension, et avant toute revision réglementaire, est actuellement à l'étude.

La question des avances ne se pose pas pour les militaires non officiers qui touchent une solde journalière en attendant la concession de leur pension (décret du 1ᵉʳ janvier 1915). (J. Off. 30 juillet 1915, Rép. à la question 3509). — Voir page 49 les *Secours*.

à compter du lendemain du jour où prend fin la délégation; pour les veuves ou orphelins non délégataires, à compter de la date du décès et jusqu'à la délivrance du titre de pension ou de secours annuel.

Elles sont mandatées sur les crédits de la solde par les soins du sous-intendant militaire de la circonscription où réside la veuve ou l'orphelin sur la production à ce fonctionnaire d'une demande appuyée des pièces justificatives ci-après :

A. — Pour les veuves.

1º Bulletin ou avis de décès du mari ;

2º Extrait de l'acte de mariage datant de moins de trois mois, et revêtu de la mention qu'aucun jugement de divorce ou de séparation de corps prononcé contre elle n'est intervenu ;

3º Certificat délivré par le dépôt d'affectation du mari attestant qu'aucune délégation n'a été instituée d'office ou consentie volontairement et, dans le cas contraire, la date à compter de laquelle le paiement en a été suspendu sur demande de l'intéressée [1];

4º Si le mari était fonctionnaire de l'Etat, une déclaration de l'administration dont dépendait le militaire que ni lui, ni sa femme n'ont réclamé le bénéfice de son régime normal de retraite (loi du 14 mars 1915) ;

5º Si le mari était fonctionnaire de l'Etat, des départements et des communes, un certificat du service employeur attestant qu'il ne paye pas à la veuve la moitié du traitement civil, ou la date à compter de laquelle ce paiement a été arrêté sur la demande de l'intéressée.

B. — Pour les orphelins

Mêmes pièces que ci-dessus (la pièce nº 2 étant remplacée par un extrait de l'acte de naissance du ou des orphelins, portant en marge certification de leur existence) et en outre :

6º L'extrait de l'acte de décès de la mère ;

7º Certificat de l'autorité municipale, sur la déclaration de deux témoins, constatant que le père n'a laissé ni veuve ni autres enfants mineurs.

Il peut être suppléé aux pièces nºs 1, 2, 6 et 7 par des copies certifiées conformes par le maire de la résidence, par un certificat de dépôt de pièces délivré par l'administration centrale (direction du

---

1. Ce certificat fera connaître le grade exact, et, s'il y a lieu, l'échelle de solde du mari.

contentieux et de la justice militaire — 3° Bureau) certifiant la production à l'appui d'une demande de pension des pièces réglementaires, ou, exceptionnellement, par certificat de notoriété publique établi par le maire assisté de deux témoins qui signent avec lui.

Lesdites avances sont exclusives des délégations de solde consenties ou instituées d'office en exécution des décrets des 9 et 26 octobre 1914.

D'autre part, et conformément au décret du 9 octobre 1914, les délégations doivent cesser de plei.. oit à la date du décès lorsque leur montant est inférieur au taux ue la pension.

DIVERS

Enfants naturels

Bien que la législation ne permette pas actuellement d'accorder des pensions aux enfants naturels reconnus, il convient néanmoins de former les dossiers de demande, en raison des dispositions nouvelles à l'étude.

Formation des dossiers

Il est rappelé aux veuves, ainsi qu'aux tuteurs des orphelins des militaires décédés des suites de la guerre, qu'ils ont un intérêt réel à constituer *immédiatement* leurs dossiers de pension et à les déposer à la sous-intendance militaire du chef-lieu de leur département, *sans attendre la fin des hostilités*. (Pour les veuves et orphelins domiciliés à Paris, les dossiers doivent être adressés à la sous-intendance C. 3° bureau, 51 *bis*, boulevard de la Tour-Maubourg).

La constitution et le dépôt du dossier de pension n'empêchent nullement la veuve ou le tuteur de percevoir, *jusqu'à la fin des hostilités*, la délégation de solde ou (après option) les allocations accordées aux familles de mobilisés par la loi du 5 août 1914.

L'accomplissement des formalités de dépôt du dossier a l'avantage de permettre d'accélérer la liquidation et la concession de la pension, de sorte que les intéressés pourront ensuite en toucher les arrérages au moment même où cesseront les délégations de solde ou les allocations.

Lorsqu'il existe des enfants issus de précédents mariages du mari,

la veuve d'un militaire constitue son dossier d'après les indications
données pour toutes les veuves de militaires dans la communication
faite hebdomadairement au *Journal officiel* sous la rubrique
« Avis et renseignements », avec cette seule différence que le certificat de non-divorce établi par le maire doit spécifier l'existence
d'enfants mineurs issus de précédents mariages du mari (V. Corresp.
n° 6, p. 4.)

Si la veuve s'entend avec le ou les tuteurs des orphelins pour
constituer un dossier commun, il suffit d'y produire un seul état des
services, un seul acte de décès ou d'avis de décès du militaire
ayant cause.

♣

SECOURS DU MINISTÈRE DE LA GUERRE

SECOURS IMMÉDIATS

Généralités

Des secours immédiats peuvent être accordés aux familles des
militaires décédés au cours de la guerr (Circulaires du Ministre de la
Guerre du 31 août 1914 et 17 février 1915). Ont droit à ces secours
les veuves, orphelins, ou à défaut les ascendants au premier degré.

La quotité du secours est variable suivant le grade. Soldat ou
caporal 150 francs ; sous-officier 200 francs ; sous-lieutenant ou
lieutenant 300 francs ; capitaine 400 francs ; commandant 500 francs
lieutenant-colonel ou colonel 600 francs. Ces secours sont payables
en une seule fois, et ne sont pas renouvelables ; ils peuvent se
cumuler avec l'allocation journalière et la délégation de solde.

La demande rédigée sur papier libre spécifie les charges (nombre
d'enfants). Elle est accompagnée de l'avis du décès ou copie de
l'avis du décès certifiée conforme par le commissaire de police et,
s'il s'agit d'une veuve, du bulletin de mariage ; s'il s'agit d'orphelins, des bulletins de naissance des enfants s'il s'agit d'ascendants,
du bulletin de naissance du militaire décédé et d'un certificat
dressé à la mairie, sur la déclaration de deux témoins, attestant
que le militaire décédé était célibataire. Ces pièces sont adressées
au général commandant la subdivision du domicile de l'ayant

droit, — à Paris M. le Général commandant le département de la Seine. Bureau des secours, Hôtel des Invalides.

Défaut d'avis de décès

Le secours immédiat peut être accordé si par une information officieuse (Comité de la Croix-Rouge ou lettre particulière) la présomption de décès est suffisamment établie.

Droits des frères et sœurs

1° En l'absence de ses parents, demeurés dans les régions envahies, la sœur d'un militaire décédé des suites de blessures de guerre peut-elle demander le secours immédiat ?

2° Le secours immédiat peut-il être demandé par les orphelins, frère ou sœur d'un militaire célibataire décédé des suites de blessures de guerre ?

Réponse.

1° Réponse négative. — Bien que se trouvant en pays envahi, les ascendants au premier degré d'un militaire décédé conservent leurs droits, qu'ils auront faculté de faire valoir dès que les circonstances le leur permettront.

2° Les orphelins, frères et sœurs des militaires décédés au cours des opérations de guerre, n'ont aucun droit au secours immédiat. Toutefois, leurs demandes sont toujours soumises à une enquête, et s'il est établi que le militaire décédé était pour eux un indispensable soutien, le secours immédiat peut leur être accordé, à titre exceptionnel, par décision spéciale.

(Rép. du Min. de la Guerre à la question 4928, *J. off.* du 20 octobre 1915.)

Divers secours

Le ministre peut accorder des secours immédiats, comme nous l'avons vu, aux veuves, descendants et ascendants de militaires décédés au cours de la guerre 1914-1915 (Voir *ci-dessus*). Il peut aussi, en temps ordinaire, accorder des secours à d'anciens militaires ainsi qu'aux veuves, ascendants et descendants de militaires décédés.

Le secours peut être concédé pour une fois seulement, mais renouvelé sur demande qui ne doit être présentée qu'après un délai d'une année à la suite du dernier secours. Le taux est fixé par le ministre en tenant compte des conditions d'âge, de position, de services des postulants.

Le secours peut être aussi dit *permanent*. C'est-à-dire payable chaque année par semestre et ne devant cesser que si la situation du bénéficiaire ayant changé, la concession ne paraissait plus justifiée. Le taux est variable suivant la situation des intéressés.

Le ministre accorde des secours de cette seconde catégorie aux anciens militaires n'ayant pas droit à la pension, et aux veuves ou orphelins de militaires ayant 20 ans de services mais n'ayant pas laissé de droit à la pension.

Pour ces deux catégories de secours, la demande doit être adressée au Ministre de la Guerre (Bureaux des Secours) ou au Général commandant la subdivision. Elle doit être accompagnée : pour les anciens militaires, des états de service ou copie certifiée, du certificat de position délivré par le maire ; pour les veuves, des états de services, des extraits de l'acte de mariage et de l'acte de décès du mari, du certificat de position ; pour les orphelins, des états de services du père, de l'acte de mariage du père et de la mère, de leurs actes de décès, de l'acte de naissance des postulants, du certificat de position; pour les ascendants, des états de services des enfants morts au service, de leurs actes de décès, de l'acte de mariage des père et mère, du certificat de position.

♣

DIVERS

LA LIQUIDATION DES PENSIONS
(Rapport de la Commission extraparlementaire)

Le *Journal officiel* du 9 novembre 1915 (p. 8065) contient un rapport de MM. Lefas et Pierre Masse, députés, proposant diverses mesures en vue de simplifier les formalités et de créer les organismes nécessaires pour la liquidation des pensions. Ce rapport, présenté au ministre des Finances au nom de la Commission extraparlementaire des pensions militaires, donne des vues intéressantes sur ce que sera le régime des pensions tel qu'il est en élaboration en ce moment. Comme il est certain que le mode de liquidation actuellement usité serait insuffisant, on peut prévoir que le chiffre des pensions sera 150 fois supérieur à celui que le ministère liquidait en une année en temps de paix. Il faut donc prévoir aussi les moyens de parvenir à faire ces liquidations. Le rapport en indique plusieurs et trace un plan détaillé de réformes qui sera utilement consulté.

BIBLIOGRAPHIE

Mémento sur les pensions, par Rousson, 5, avenue Duquesne, 1 fr. 50.

Les Droits des Veuves et des Orphelins des militaires tués à l'ennemi, par MM. Fougerol et Saillard, Berger-Levrault, 5, rue des Beaux-Arts, 1 fr. 50.

Manuel des soldes et indemnités ; allocations diverses et pensions, par M. Rocuot-Marceau, Fournier, 264, boulevard Saint-Germain, Paris, 1 fr. 50.

Guide pratique pour pensions, délégations de solde, secours, etc., par Paul Taupenas — chez l'auteur, 5, avenue Duquesne, Paris, 0 fr. 90.; par la poste, 1 fr. 20.

Pour obtenir une pension militaire, L. Parisot, Maison « Éditions et Librairie », 40, rue de Seine, Paris, 1 fr. 25.

Pensions et allocations, par E. Meignan. Derhon aîné, 19, boulevard Haussmann, Paris, 1 franc.

V

LES FAMILLES DES MILITAIRES

ET LES

VEUVES & ORPHELINS DE LA GUERRE

ALLOCATIONS ET MAJORATIONS
AUX FAMILLES DES MOBILISÉS[1]

GÉNÉRALITÉS

La loi du 5 août 1914 a accordé aux familles nécessiteuses des militaires mobilisés dont le soutien est sous les drapeaux une allocation de 1 fr. 25 par jour, avec des majorations de 0 fr. 50 par enfant âgé de moins de 16 ans. Le bénéfice de cette loi s'applique aux familles « dont le soutien indispensable aura été tué ou emmené en captivité ou qui, se trouvant en territoire ennemi au moment des hostilités, aura été retenu comme prisonnier » (*Loi du 9 avril* 1915).

L'allocation ne peut se cumuler avec la pension dans le cas où le décès ouvrirait droit à une pension. Si les intéressés optaient pour la pension, ils pourraient toucher l'allocation à titre d'avance jusqu'au jour où la liquidation de la pension sera terminée. Ces avances seront précomptées sur les premiers arrérages touchés.

PROCÉDURE

Demandes formulées verbalement

Les demandes verbales ne peuvent tenir lieu de demandes écrites, et par suite leur date ne peut éventuellement être le point de départ des allocations que si elles ont été présentées par des personnes :

1° Obligées de quitter leur résidence sous la menace de l'occupation ennemie ;

---

[1]. Voir l'opuscule: *Allocations, secours et indemnités aux familles de mobilisés*, au Secrétariat de la Société de Saint-Vincent de Paul.

2º Empêchées par des circonstances exceptionnelles de formuler la demande par écrit et qui prouveraient le refus des maires de saisir les commissions. (*J. off.* du 20 août 1915, Réponse à la question 3892.)

Renouvellement des demandes

Le dépôt d'un pourvoi devant la commission supérieure ne fait pas obstacle au droit qui appartient aux familles de mobilisés d'introduire une seconde demande devant la commission cantonale en invoquant, comme fait nouveau, la prolongation des hostilités.

Si les décisions de la commission supérieure, antérieurement saisie, interviennent à une date postérieure à celle des décisions de la commission cantonale, l'intéressé bénéficiera de la décision qui lui sera la plus favorable.

(Réponse du min. de l'Int., *J. Off.* du 22 juillet 1915.)

Lorsqu'une demande a été rejetée par toutes juridictions, y compris la Commission supérieure, elle peut être présentée à nouveau et avec les mêmes motifs devant la Commission cantonale. Le point de départ de l'allocation, s'il y a lieu, sera la date de dépôt de cette nouvelle demande.

Comparution des intéressés devant les commissions

Les intéressés ont le droit de présenter verbalement leurs observations devant les Commissions cantonales et d'arrondissement.

Toutefois, pour être convoqués, il est nécessaire qu'ils aient fait connaître à la Commission leur désir de comparaître (*J. off.* 25 mai 1915, Rép. à la question 2444.)

Les Commissions ne sont obligées de convoquer d'office que dans deux cas :

1º Lorsque, sur un appel ou demande en revision de l'autorité, elles concluent à la suppression (C. 5 février 1915) ;

2º Lorsque, après une première comparution, l'enquête contredit les déclarations de l'intéressé sur des points précis (Circ. 15 mai 1915).

Appel administratif non suspensif

L'appel formé par l'autorité administrative (préfet ou sous-préfet) devant la Commission d'arrondissement ou la Commission supérieure, pour obtenir suppression ou réduction des allocations ou majorations, n'est pas suspensif. Le payement des indemnités accordées par la décision attaquée doit être continué jusqu'à ce qu'une décision nouvelle intervienne. (*J. off.*, 1er août 1915, Rép. à la question 3528.)

RAPPEL DE L'ARRIÉRÉ

Familles rapatriées

Les familles emmenées en captivité reçoivent à leur retour en France, dès leur demande et à dater du 2 août, alors même qu'elles seraient dans l'impossibilité de fournir les justifications nécessaires et sur leur simple déclaration, les indemnités prévues par la loi du 5 août 1914.

Cette mesure de faveur doit être étendue dans les mêmes conditions aux familles des mobilisés qui, retenues par l'ennemi dans leur pays d'origine, n'ont pu former leur demande d'allocation qu'à leur arrivée dans leur nouvelle résidence ou après la libération de leur territoire. (Circ. du min. de l'Intérieur du 17 juillet 1915.)

Réclamation d'allocations impayées

Il est arrivé que, par suite de déplacements ou pour toute autre cause, des bénéficiaires d'allocations et majorations n'ont pu en toucher le montant pendant une certaine période, et que les états d'émargement sur lesquelles elles figuraient ont été retirés des bureaux des percepteurs. Le payement peut néanmoins en être obtenu par signature d'une demande spéciale dont la formule se trouve dans tous les bureaux de perception.

CUMUL

Cumul avec salaires

L'allocation ne peut être retirée aux bénéficiaires qui se procureraient des ressources supplémentaires en participant aux travaux des champs (Décision Min. des Fin. 6 mai 1915). L'extension aux familles de mobilisés d'une mesure déjà applicable aux réfugiés peut encourager le retour à la terre de provinciaux accidentellement fixés à Paris.

Cumul avec secours préventif d'abandon

Les parents ou personnes étrangères à la famille qui recueillent l'enfant d'un veuf mobilisé ne peuvent toucher que la majoration de 0 fr. 50 et ne bénéficient pas de l'allocation principale de 1 fr. 25. Mais elles peuvent être admises à participer aux secours préventifs d'abandon (Loi du 27 juin 1904) et les cumuler avec la majoration de 0 fr. 50 (*J. Off.* juillet 1915, Rép. du Min. de l'Int.).

CHANGEMENTS DE SITUATION. — SUPPRESSION

Déclaration

Les bénéficiaires d'allocations doivent obligatoirement faire connaître à l'Administration les changements de situation susceptibles de réduire ou de suspendre leur droit à l'allocation ou aux majorations, et ce sous peine de s'exposer à des poursuites lorsque, par défaut de déclaration, elles auraient touché des sommes indues.

Il convient de signaler à la Mairie ou au Bureau du percepteur :

Les enfants parvenus à l'âge de 16 ans ;

Les enfants décédés ;

Les enfants qui cessent d'être à la charge de leur famille ;

Le mari ou le fils rentré au foyer soit à titre provisoire, soit comme versé dans l'auxiliaire, soit comme réformé ;

Le mari ou le fils travaillant dans une usine militaire ou non ;

Le mari ou le fils en congé de convalescence ayant un emploi ;

Le mari ou le fils promu officier.

CAS PARTICULIERS

Les familles des pères de six enfants renvoyés dans leurs foyers

N'ont droit à la continuation de l'allocation que pendant huit jours.

Pour les familles de militaires mis en congé de réforme n° 1, deux cas doivent être distingués.

Si la famille a été admise au bénéfice de l'allocation pendant la présence du militaire sous les drapeaux, sa situation doit être examinée à nouveau par la Commission cantonale. Elle est, en effet, améliorée par la pension ou la gratification de réforme que reçoit le militaire. La suppression ne pourra partir, le cas échéant, que du jour de l'attribution de la pension ou gratification.

Si la situation de la famille n'a pas été reconnue nécessiteuse au moment de la mobilisation de son chef, il n'est pas ·possible de considérer qu'elle l'est devenue alors que celui-ci rentre dans ses foyers et jouit des avantages accordés aux réformés n° 1. (*J. Off.* du 7 août 1915, Rép. à la question n° 3601.)

Les militaires retraités au cours de la campagne doivent être traités comme les soldats réformés n° 1, dont la situation a été réglée par la circulaire interministérielle du 10 octobre 1914. Aux termes de cette circulaire, « la situation du militaire réformé n° 1, se trouvant modifiée (ce militaire reçoit soit une gratification, soit une pension de réforme), doit être examinée à nouveau par les commissions cantonales, qui décident si l'allocation journalière doit ou non lui être maintenue. En cas de suppression, la décision ne pourra partir que du jour de l'attribution de la gratification ou de la pension. (*Rép. du Min. de l'Intérieur à la question* 5538, *J. Off.* du 28 novembre 1915.)

Ouvriers des industries de guerre

Les familles des militaires affectés à des établissements travaillant pour la défense nationale ne perdent pas nécessairement le droit à l'allocation.

Dans certains cas cependant, le salaire de ces derniers est assez élevé pour que leurs familles ne soient pas admises au bénéfice des indemnités militaires : c'est le cas des ouvriers mobilisés au lieu de leur résidence habituelle. Aux termes d'une circulaire toute récente, prise sur l'initiative du Ministre de la Guerre, les familles de ces ouvriers ne peuvent prétendre au bénéfice de la loi du 5 août 1914. (*Rép. du Min. de l'Intérieur à la question* 5994, *J. Off.* du 28 novembre 1915.)

Les familles des **militaires déserteurs ou condamnés à une peine afflictive ou infamante** sont privées du bénéfice des allocations, ces militaires cessant dans le premier cas de faire partie de l'armée, et perdant dans le second cas tout droit aux divers avantages pécuniaires que comporte l'état militaire. (*Résumé de la Rép. du Min. de l'Intérieur à la question* 5545, *J. Off.* du 16 novembre 1915.)

BIBLIOGRAPHIE

Allocations aux familles des mobilisés. — Société de Saint-Vincent de Paul, o fr. 30.

Revue Philanthropique :

15 juillet 1915. — L'assistance aux étrangers solutionnée par la guerre, G. RONDEL (Allocations aux familles de mobilisés. Secours aux réfugiés. Hospitalisation. France, Belgique, Italie, Angleterre).

Les Allocations militaires en Angleterre, en Allemagne et en France, par E. FUSTER. *Revue Philanthropique*, 15 septembre 1915. — Allocations en France. — Projet de Loi. — Même Revue, 15 novembre 1915.

Voir aussi **Pensions.**

♣

DÉLÉGATIONS
DE SOLDES ET INDEMNITÉS ; TRAITEMENTS,
SALAIRES ET AVANTAGES DIVERS

Délégations de soldes d'office, après décès, au profit des femmes, ascendants ou descendants de mobilisés
(Décret du 9 octobre 1914)

Les ayants droit des militaires mobilisés (officiers et assimilés, employés militaires, sous-officiers jouissant d'une solde mensuelle ou d'une haute paye) tués, disparus ou faits prisonniers qui désirent obtenir délégation de la moitié de la solde du mobilisé, au cas où ce dernier n'aurait pas effectué une délégation préalable avant sa mort ou disparition, devront effectuer leur demande sous la forme ci-après :

Je... (nom et prénoms) soussigné, demeurant actuellement à..... (adresse exacte actuelle), demande à bénéficier des dispositions du Décret du 9 octobre 1914 et à recevoir à l'adresse suivante [1]......

1. Lorsque les bénéficiaires résident hors du lieu du dépôt chargé du payement, les délégations de solde sont payées au moyen d'un mandat-carte qui est envoyé aux bénéficiaires par le dépôt chargé du payement et qui leur est payé à domicile par le service des Postes.

Pour recevoir ce mandat-carte, les bénéficiaires doivent envoyer *chaque mois* au dépôt payeur un certificat de vie, établi sans frais à la fin de chaque mois par le maire du lieu de leur résidence. (Circ. du Ministre de la Guerre, *Off.* 20 septembre 1915.)

(commune, rue, n°, département) la délégation d'office prévue par ce décret sur la solde de mon...... (mari, père, grand-père, petit-fils), M...... (nom et prénoms), mobilisé à...... (donner ici les renseignements sur le grade et la formation d'origine du militaire et, si possible, la formation à laquelle il appartenait au moment de sa disparition ou de son décès (régiment, ou bataillon, ou état-major, ou quartier général ou service). Indiquer également, et en tous cas, le lieu où le militaire s'est rendu au moment de la mobilisation, et faire connaître s'il appartenait à une Administration civile rétribuée par l'Etat, le département ou les communes.

Dater, signer, et faire légaliser la signature par le Maire ou le Commissaire de police de la résidence actuelle. On devra joindre à la demande toute pièce suffisante pour établir les droits du demandeur (déclaration notariée, extrait d'acte de mariage, certificat de notoriété, extrait de naissance, ou tout autre document de même nature et, s'il y a lieu, bulletin ou avis de décès de l'ayant cause [1]).

Les intéressés adresseront aussitôt cette demande au commandant du dépôt où le militaire a été mobilisé, même si ce dépôt stationné dans un territoire envahi a été évacué dans une autre région de l'intérieur. S'il s'agit d'un militaire mobilisé dans une autre formation qu'un corps de troupe, la demande devra être adressée au général commandant la région dans laquelle se trouve la localité où le militaire s'était rendu au moment de la mobilisation.

Les généraux commandant les régions résident au chef-lieu du temps de paix des corps d'armée correspondants, sauf pour les régions suivantes: 1re et 2e régions, à Boulogne-sur-Mer; 20e région, à Troyes; 21e région, à Chaumont.

Indemnité pour charges de famille

Loi du 7 octobre 1915, sur le payement de l'indemnité pour charges de famille aux personnes ayant pendant la durée des hostilités la charge effective des enfants du mobilisé.

« Article premier. — Pendant la durée des hostilités, les femmes,

---

1. Lorsque le décès n'a pu être signalé que comme « ayant eu lieu avant telle date », l'institution de la délégation d'office a lieu à partir de ladite date en ce qui concerne les veuves et les orphelins mineurs, sauf rappel ultérieur à compter du lendemain de la date exacte du décès lorsqu'elle vient à être déterminée officiellement d'une manière précise.
Pour les ascendants, la délégation prend effet à compter du premier jour du mois où la demande a été formulée, quelle que soit la date du décès, et cette demande, pour être valable, doit avoir été faite du vivant du militaire, à moins que le décès ne soit antérieur à la date de la publication du décret du 9 octobre 1914. (*J. off.*, Réponse à la question 3036.)

ou, s'il y a lieu, les personnes ayant la charge effective de l'entretien des enfants des militaires énumérés à l'article 2 de la loi du 30 décembre 1913 pourront, sur leur demande, obtenir par décision ministérielle, le payement, à leur profit, de l'indemnité annuelle instituée par ledit article de ladite loi. »

« Cette décision ministérielle sera notifiée, dans le plus bref délai possible, au militaire intéressé qui ne pourra, en aucun cas, s'opposer au payement de l'indemnité susvisée entre les mains de sa femme ou de la personne ayant la charge effective de l'entretien des enfants. »

« Art. 2. — Le payement de l'indemnité pour charges de famille aura lieu jusqu'à la cessation des hostilités, quel que soit le sort du militaire intéressé ; toutefois, en cas de décès, si la veuve optait pour la pension, le payement cesserait à dater du point de départ de ladite pension. »

« Art. 3. — Les femmes ou, s'il y a lieu, les personnes ayant la charge effective de l'entretien des enfants des militaires visés à l'article 1er, tués, disparus ou faits prisonniers antérieurement à la promulgation de la présente loi, pourront, sur leur demande, recevoir le payement de l'indemnité pour charges de famille dans les conditions prévues aux articles précédents. »

Le décret du 3 octobre 1915 (J. Off. du 9 octobre), a étendu le bénéfice des indemnités pour charges de famille (plus de deux enfants) aux militaires de la réserve et de la territoriale rappelés à l'activité par la mobilisation, — s'ils sont sous le régime de la solde mensuelle.

Attribution du salaire du mari à la femme d'un ouvrier ou employé de l'Etat disparu.

Lorsqu'un militaire est signalé comme n'étant plus présent au corps, et que les recherches faites n'ont permis de constater ni son décès, ni son hospitalisation, ni sa captivité, il peut être établi un acte de disparition.

Dans ces conditions, l'administration est toujours en situation de délivrer, à la demande des familles, et après enquête, une pièce constatant la position d'absence d'un militaire.

Munie de cette pièce et d'une déclaration, signée par elle, qu'elle est autorisée à recevoir le salaire de son mari, la femme d'un employé ou ouvrier de l'Etat peut, sans délégation, entrer en possession de ce salaire.

Lorsque le décès aura été officiellement constaté, la délégation de la totalité du traitement est transformée en une allocation de la moitié, payable jusqu'à la cessation des hostilités, au profit des femmes ou orphelins de fonctionnaires, agents, sous-agents, ou ouvriers de l'Etat.

Cette allocation après décès ne peut se cumuler avec la délégation de solde ou l'avance sur pension prévues par le décret du 9 octobre 1914. Les ayants droit pourront opter soit pour le régime institué par ce décret, soit pour les allocations de moitié du traitement ou salaire. (Décret du 24 octobre 1914).

(Réponse du Min. de la Guerre à la question 402, *J. Off.* du 22 octobre 1915).

Pour l'option avec les allocations aux familles de mobilisés, voir notre brochure : *Allocations, Secours et Indemnité aux familles de mobilisés et aux victimes civiles de la guerre, aux chômeurs, aux réfugiés et rapatriés, aux habitants des territoires envahis*, p. 4 et 5 (o fr. 30 franco).

Facilités de déplacement

Voir **Hospitalisés et convalescents et questions diverses.**

BIBLIOGRAPHIE

Voir **Pensions.**

♣

AIDE AUX VEUVES ET ORPHELINS

Pensions

Voir PENSIONS CIVILES ET MILITAIRES ET SECOURS DU MINISTÈRE DE LA GUERRE (p. 37)

Attribution de débits de tabac aux veuves de militaires

Les titulaires des débits dont le produit ne dépasse pas 1.000 francs, et qui ne sont pas annexés à une recette buraliste sont nommés par le préfet sur la proposition du directeur des contributions indirectes du département. Pour les autres débits, la nomination appartient au ministre des Finances.

Les titulaires ne peuvent être pris que parmi les candidats retenus par une Commission de classement départementale ou ministérielle.

Les pièces à produire sont les suivantes :

Sur papier timbré à o fr. 60 :

Demande indiquant le domicile et les titres.

Sur papier libre :

Etat authentique ou copie certifiée des services militaires ou civils ;

Bulletin de naissance de la pétitionnaire ;

Bulletin de mariage de la pétitionnaire, ou celui des père et mère de la pétitionnaire suivant que les services invoqués sont ceux du mari ou du père ;

Bulletin de décès du mari ou des père et mère ;

Justification du passif (dettes), s'il y en a un, et bordereau des hypothèques, s'il en existe ;

Extrait des rôles des contributions payées par la postulante, ou certificat de non-inscription sur les rôles ;

Quittance de loyer.

Si le militaire décédé a laissé un actif quel qu'il soit, il est bon de faire aussitôt que possible la déclaration de succession et d'en faire connaître la date en déposant la demande (déclaration au domicile du décédé : à Paris, pour les militaires domicil... ... ns les régions envahies).

Pratiquement, les bureaux d'un revenu supérieur à 1.000 francs ne paraissent accessibles qu'aux veuves d'officiers ayant au moins un enfant.

ŒUVRES POUR LES VEUVES ET LES ORPHELINS

Association nationale
pour la protection des Veuves et des Orphelins de la Guerre
de 1914, 21, rue des Bons-Enfants, Paris,
Sous le patronage
de son Eminence le Cardinal-Archevêque de Paris

L'Association a pour objet d'aider matériellement et moralement les Veuves et les Orphelins de la Guerre.

Elle pourvoit à la constitution et à la transmission des dossiers de demandes de pensions. Elle distribue des secours en argent et en nature. Elle procure du travail aux veuves. Elle place les orphelins. Elle est le conseil des familles des militaires décédés.

Aucune famille n'est aidée par l'Association sans qu'une enquête n'ait été faite sur elle par la Société de Saint-Vincent de Paul, ou tout au moins, en province, sans l'avis du Maire et du Curé. L'admission est prononcée par le Comité des Secours.

Pensions.

Les dossiers sont constitués soit directement par les soins des Bureaux de l'Association, soit par les Secrétariats des Familles de la Société de Saint-Vincent de Paul. Un des membres du Conseil de l'Association est chargé de tous les rapports avec le Service des pensions au Ministère de la Guerre.

Secours immédiats.

L'Association donne tous renseignements utiles et remet des formules de demande aux veuves qui se présentent dans ses bureaux.

Lorsqu'un dossier de pension est formé par un Secrétariat des Familles, ce dernier se charge de donner suite directement à la demande de secours immédiat, sans passer par l'intermédiaire de l'Association dont il allège ainsi la tâche.

Secours en argent et en nature.

Les veuves sans enfants et qui se trouvent dans une situation particulièrement nécessiteuse peuvent obtenir des secours sur les fonds appartenant à l'Association.

Il en est de même des femmes de militaires disparus, et de parents de militaires décédés ou présumés tels.[1]

Les mères, ainsi que les personnes ou les œuvres qui ont la charge d'orphelins, peuvent bénéficier d'allocations sur la dotation de la Journée des Orphelins, gérée par le Comité dont le siège est à l'Office Central des Œuvres de Bienfaisance.

L'allocation est de 10 francs par mois.

Ces secours sont remis par les soins des Dames du Calvaire ou de Dames patronnesses visiteuses. Ils peuvent être transformés, lorsqu'il est opportun, en vêtements ou autres secours en nature.

Travail.

Quatre fois par semaine (lundi, mardi, jeudi, samedi), les délégués du Comité de Travail reçoivent les veuves qui recherchent du travail, se renseignent sur leurs aptitudes et prennent note de leurs demandes.

Une entente avec certains établissements privés, l'extrême obligeance de la Chambre de Commerce, le bon accueil réservé par les entreprises industrielles de l'Etat permettent de leur donner en partie satisfaction.

L'organisation d'un ouvroir est à l'étude.

Placement des Orphelins.

L'Association ne s'est pas arrêtée à un type unique de placement.

Un certain nombre d'orphelins sont entrés dans des orphelinats de Paris et des environs, lorsque les mères ne pouvant en conserver la charge désirent cependant qu'ils ne s'éloignent pas trop d'elles.

D'autres orphelins sont placés dans des familles soigneusement choisies et qui cherchent dans l'admission d'un orphelin à leur foyer, moins un profit à recueillir qu'une bonne action à accomplir. Quelques personnes ont même adopté des orphelins.

Comité du Contentieux.

Des personnalités de la plus haute compétence se sont mises à la disposition des veuves et des orphelins de la guerre pour les conseiller dans les situations délicates qui peuvent entraver le règlement de leurs droits et la défense de leurs intérêts. Chaque matin un des membres du Comité assure la permanence au siège de l'Association.

Action de l'Association en province.

Un certain nombre de Comités diffusent en province l'intervention de l'Association en faveur des familles victimes de la guerre. Les dossiers de pensions sont transmis à Paris, mais les secours proprement dits sont décentralisés aux mains de chaque Comité. En Seine-et-Oise, l'Association est représentée par l'Action Sociale; dans d'autres départements, la Société de Saint-Vincent de Paul a donné son concours pour la constitution de comités locaux.

Œuvre de l'Adoption Familiale des Orphelins de la Guerre
5, rue Bayard, Paris.

Fondée par les Noëlistes, l'*Œuvre de l'Adoption Familiale* se propose uniquement de secourir les *Orphelins de la Guerre*, non dans les orphelinats ou autres institutions, mais *dans leur propre famille*, ou chez leurs proches parents, ou, à défaut de ceux-ci, dans une famille chrétienne de leur pays.

De préférence, elle s'intéresse aux familles *de plus de trois* enfants et arrête son choix sur le *dernier-né.*

Elle donne pour l'adopté une pension annuelle de 200 *francs*, transmise *par l'intermédiaire du curé* de la paroisse de l'adopté.

Cette adoption est un secours *librement* offert ; elle ne saurait donc constituer, en aucune manière, *l'adoption légale* ni même *un engagement proprement dit.*

Dans la mesure où le permettent les ressources, l'adoption est faite *jusqu'à la quatorzième année* ; elle peut être prorogée, notamment si l'adopté manifeste une *vocation sacerdotale.*

L'Adoption Familiale des Orphelins de la Guerre atteint son but d'une double manière :

1° Un *Comité central*, au moyen des souscriptions que reçoit le *Noël*, adopte des orphelins présentés par le curé de la famille dans laquelle l'enfant est élevé et un membre du Conseil paroissial.

Le *Comité central*, dont font partie le Directeur du *Noël* et cinq présidentes de groupes noëlistes, statue sur la présentation.

La pension de l'adopté n'est renouvelée annuellement que si le curé juge que l'adopté en a encore besoin ou le mérite.

Si l'enfant change de paroisse, l'adoption n'est continuée que sur la demande du nouveau curé.

2° Les *Noëlistes* (membres des Comités ou isolées) adoptent des orphelins sur place, c'est-à-dire dans leur paroisse ou dans leur diocèse.

Pour tous renseignements, s'adresser à *l'Œuvre de l'Adoption Familiale des Orphelins de la Guerre*, 5, rue Bayard. Formules spéciales de demande d'admission.

Adoption des Orphelins de la Mer.

Le principe choisi est celui de l'*adoption à domicile* et de l'*éducation chrétienne* : les enfants secourus sont les fils d'*inscrits maritimes* péris en mer ou morts des fatigues de la mer.

Les orphelins de père sont laissés à leur mère, qui reçoit pour eux une somme annuelle de 100 francs. Les orphelins de père et de mère sont confiés à une famille de marins chrétiens, des parents de préférence, et reçoivent en général 200 francs par an.

Les enfants grandissent dans le milieu sain et vaillant qui les a vus

naître, y gardant leurs croyances religieuses et l'amour de la mer. Le
secours leur est alloué jusqu'à leur treizième année. On s'occupe
alors de les embarquer sur un bateau de pêche, et même pour les
campagnes de Terre-Neuve ou d'Islande.

Le curé de la paroisse, assisté d'un notable paroissien désigné,
distribue les secours, après avoir présenté les orphelins, veille sur les
enfants adoptés et sert d'intermédiaire entre eux et l'Œuvre, dont le
siège social est à *Paris, 5, rue Bayard.*

Rien donc de plus patriotique, de plus chrétien et de plus intéressant que cette forme de la charité catholique et française.

Une feuille spéciale de demande d'admission est remise aux
intéressés.

Œuvre des Mille Orphelins de l'Union des Familles Françaises et Alliées

(9, rue Laffitte, Paris).

Elle s'adresse aux orphelins dont le père est mort au Champ
d'honneur. Ces enfants sont mis sous la protection morale de mères
de famille. Les sentiments religieux sont scrupuleusement respectés.

Comité franco-américain pour la protection des enfants de la frontière

Le but de cette Œuvre est d'hospitaliser, pendant la durée de la
guerre, les enfants belges ou français des populations des pays
envahis au moyen d'œuvres existantes auxquelles il serait donné des
subsides, ou de colonies fondées par l'Œuvre à cet effet.

L'Œuvre se limite exclusivement aux enfants orphelins, à ceux
qui, à cause des circonstances présentes, se trouvent séparés de leurs
parents, et à ceux dont, les pères étant à l'armée, les mères ne sont
pas en mesure de leur donner les soins que leur âge et leur état
réclament.

L'Œuvre veut tout particulièrement s'attacher à donner à ces
enfants, avec le bien-être matériel dans des conditions hygiéniques
satisfaisantes, une direction éducatrice et morale leur laissant une
empreinte permanente de leur séjour, soit dans les colonies aidées
par l'Œuvre, soit dans ses propres colonies.

S'adresser 34, rue Taitbout, le matin, au 1er étage (Objets chinois).

Le Comité demande parfois le versement de l'allocation servie par
l'Etat aux parents pour l'enfant.

Les admissions sont faites assez rapidement ; en cas d'urgence, deux ou trois jours suffisent. Le Comité exige la présentation de papiers d'identité (livret de famille, etc.) et une demande signée du chef de famille.

Les enfants admis sont placés pendant quelques jours à Paris, dans un *Orphelinat des Filles de la Charité* ; le départ a lieu quand le nombre des enfants ainsi réunis est suffisant.

' Le placement est collectif : le Comité estime que le placement familial exige une surveillance trop difficile à exercer.

Œuvre de Saint-Martin de Ré pour les Orphelins de la guerre

Un orphelinat destiné aux garçons et aux filles (immeubles distincts) est fondé à Saint-Martin de Ré par le curé doyen. Il sera ouvert aux orphelins de la guerre, français et belges, à partir de 13 ans pour les garçons et de 7 ans pour les filles.

ENSEIGNEMENT. — *Garçons* : Imprimerie. Ebénisterie. Jardinage.

Filles : Enseignement ménager et enseignement professionnel (couture), sous la direction des Sœurs de Saint-Vincent de Paul.

Pour tous renseignements, s'adresser à M. l'Abbé Lartigue, curé doyen de Saint-Martin de Ré (Charente-Inférieure).

Orphelines de la guerre

La Société générale d'éducation et d'enseignement, 14 *bis*, rue d'Assas, fonde des bourses d'étude dans les écoles normales, instituts, cours ou pensionnats catholiques de Paris ou de province, pour procurer à des filles d'officiers et de soldats morts à l'ennemi l'éducation que les pères auraient voulu leur assurer.

La Mutuelle des Veuves (Région de Paris)

(Provisoirement : 15, rue de la Ville-l'Evêque, Paris). Lundi, mercredi, vendredi, de 2 à 4 h.

Société de Secours mutuels. Cotisation : 1 fr. 50 par mois pour la veuve, qui peut faire agréger ses enfants au-dessous de 16 ans moyennant une cotisation de 0 fr. 50.

Indemnité journalière en cas de maladie : 2 fr. 50 pour la veuve, 0 fr. 75 pour les enfants. Durée maxima : 60 jours.

Caisse de prêts sur l'honneur. Sans intérêts, maximum : 200 francs. *Secours immédiat* au cas de malheurs exceptionnels.

Travail. Un comité de dames organise la fabrication par les associées de bibelots d'art copiés de l'ancien.

Éducation des enfants. Conseils pour études, apprentissage, choix de carrière, démarches pour séjours de vacances, bourses, etc.

Association Nationale française pour la protection des Familles des morts pour la patrie

5, rue du Pré-aux-Clercs, Paris.

Section juridique. — Consultations pour tout ce qui concerne les intérêts matériels des Veuves et des Orphelins. Conseils juridiques.

Section de la protection du foyer. — a) *Placement des Veuves.* Travail fourni par l'Intendance, spécialement aux veuves de la guerre. Placement technique des orphelins. Constitution, auprès d'usines qui fournissent le travail, de groupement d'orphelins confiés à des veuves de la guerre.

b) *Union fraternelle des enfants de la grande guerre.* — Adoption d'orphelins de la guerre par des enfants qui versent des cotisations mensuelles pour subvenir à leurs besoins.

c) *Placement familial des orphelins de père et de mère.* — De nombreuses familles aisées demandent à recevoir à leur foyer des enfants privés de leurs parents. De multiples places sont offertes. Envoyer de préférence des enfants jeunes. Ce placement, très intéressant et fort délicat, doit toujours comporter une démarche personnelle des personnes qui recommandent un enfant au siège de l'Association.

Section du Souvenir. — Commémoration des morts. Conseils pour recherches.

Les demandes de renseignements, de placement, etc., sont reçues dans les Secrétariats de l'Association.

La Famille

L'Association nationale française pour la protection des familles des morts pour la patrie a coopéré à la fondation de l'Œuvre de « La Famille », qui réalise l'éducation et l'instruction des orphelins de la guerre sans famille sous une formule des plus heureuses et des plus neuves.

Les enfants, au nombre d'une quinzaine au plus, seront groupés en « famille » sous la direction d'une « maman ». Ces familles seront installées à la campagne et l'éducation des enfants sera orientée vers leur maintien dans le maintien rural. La formation religieuse et professionnelle des enfants sera assurée conformément aux désirs exprimés ou présumés des parents.

Un premier groupement est en formation au Plessis-Piquet, dans un fort beau domaine. Il est ouvert aux petites filles de 3 à 5 ans appartenant à des familles de condition moyenne. L'éducation débutera en s'inspirant des méthodes des jardins d'enfants ; elle sera ensuite à la fois intellectuelle et pratique dans des conditions telles que les jeunes filles puissent gagner leur vie en attendant le mariage.

M. l'abbé Sertillanges est le président d'honneur de l'Œuvre de la Famille.

♣ ♣ ♣

VI

LES VICTIMES DE LA GUERRE

(Voir « Assistance »)

RÉFUGIÉS, ÉVACUÉS[1]

ASSISTANCE

Généralités

L'assistance est due à partir du jour où ils en font la demande, aux réfugiés sans ressources, français, alliés ou neutres, provenant de régions envahies.

Le réfugié qui a trouvé un emploi n'est pas par ce fait exclu du bénéfice de l'assistance. Le Préfet décidera, sur l'avis d'une commission spéciale, dans quelle mesure le secours de l'État devra lui être maintenu.

Par contre, tout réfugié qui refuse un travail suffisamment rémunéré compatible avec ses forces, ses aptitudes et ses connaissances professionnelles, sera privé du bénéfice des indemnités.

Les réfugiés nécessiteux ont droit à des secours journaliers, d'une valeur minima de 1 fr. 25 pour chaque adulte et de o fr. 50 par enfant de moins de 16 ans.

Les allocations peuvent être attribuées en argent ou en nature.

L'intervention de la charité privée ne saurait en principe motiver une réduction du taux de l'allocation, notamment lorsqu'elle s'exerce sous forme de concession gratuite de logements, de fourniture de bois, etc.

Lorsque les allocations ne sont pas remises en argent, il appartient aux municipalités d'organiser, aux frais de l'État, la nourriture des réfugiés par placement familial, cantines ou bons de vivres. Elles ne doivent pas réaliser de bénéfices sur ces opérations au détriment des réfugiés.

Des secours en vêtements peuvent être alloués sur des crédits

---

1. Voir Brochure publiée par la Société de Saint-Vincent de Paul, o fr. 25, franco o fr. 30, 6, rue de Furstenberg, et chez Noël, 4, rue des Petits-Pères.

spéciaux, en addition aux secours alimentaires. De plus des Comités ont recueilli, en faveur des réfugiés des départements français envahis ou de Belgique, des souscriptions et des dons en nature dont ils font profiter des filiales qui les représentent dans les régions où ont été évacués les réfugiés.

Les réfugiés nécessiteux doivent bénéficier de l'assistance médicale gratuite, des secours aux familles nombreuses et aux femmes en couches. Ces divers secours ne sont pas à la charge de la commune dans laquelle ils se sont provisoirement établis.

Toutes les demandes de secours doivent être adressées à la Préfecture par l'intermédiaire et avec l'avis du maire.

Les réfugiés ne peuvent cumuler les allocations aux familles de mobilisés avec les allocations de réfugiés, dont ils ont en principe intérêt à conserver le bénéfice, tous les adultes de la famille donnant droit au secours de réfugié, alors que seul le chef de famille touche une allocation militaire.

Lorsque le réfugié ne recevant pas les secours spéciaux demande l'allocation aux familles de mobilisés, il doit, à défaut de certificat de présence du mobilisé au corps, produire une justification telle qu'une lettre du mobilisé, l'attestation de deux personnes honorables connaissant sa situation. Pour les allocations aux familles rapatriées d'Allemagne, voir *Correspondance*, n° 5, note 31.

Logement des réfugiés

Nous extrayons le passage suivant d'une Circulaire du Ministre de l'Intérieur, du 8 octobre 1915 :

« La question du logement est également une de celles qui « doivent retenir toute votre sollicitude. Malgré les efforts accomplis, « trop de réfugiés se trouvent encore dans les logements où ils ne « pourraient que difficilement se protéger contre le froid. Il paraît « donc indispensable de prendre toutes mesures utiles pour affecter « aux réfugiés les logements actuellements vacants, parmi lesquels « je crois devoir vous signaler les immeubles ayant appartenu à des. « Austro-Allemands.

« Veillez aussi à ce que ceux des réfugiés qui payent un loyer ne « soient pas trop durement traités par les propriétaires, heureuse- « ment peu nombreux, dont certains d'entre vous m'ont signalé « les agissements. »

Indemnités aux sujets belges

Les réfugiés belges bénéficient des indemnités de 1 fr. 25 par adulte et 0 fr. 50 par enfant prévues par le décret du 14 août 1914, dans les mêmes conditions que les sujets français, et les obtiennent suivant la même procédure (*Voir la Brochure sur les Allocations aux Familles de Mobilisés et Indemnités aux Réfugiés, au Secrétariat de la Société de St-Vincent de Paul, 6, rue de Furstenberg*. Franco : 0 fr. 30).

Personnes évacuées des places fortes. — Remboursement des frais de voyage

Aux termes d'une circulaire du 18 mai 1915 (B. O. P. S. P., page 213), les personnes évacuées par ordre de l'autorité militaire d'une localité menacée par l'ennemi peuvent obtenir, sur leur demande, le remboursement de leurs frais de voyage par chemin de fer, en 3e classe, de cette localité à la première résidence où elles se sont retirées.

Elles doivent produire à cet effet :

1º Un certificat de l'autorité militaire constatant que l'évacuation a été prescrite ;

2º Un certificat de l'autorité civile de la localité où elles se sont réfugiées, indiquant la date de l'arrivée dans la localité, le nombre de personnes de la famille évacuées, ainsi que l'âge des enfants. (Ce certificat peut être délivré, le cas échéant, par l'autorité civile du point de départ, si elle est en mesure de le faire) ;

3º Une déclaration écrite du chef de famille certifiant que le voyage a été effectué à ses frais en totalité ou en partie et mentionnant, dans ce dernier cas, le montant de la réduction dont la famille a bénéficié pour son transport.

Les demandes doivent être adressées aux généraux commandant les régions, qui statuent après enquête, s'il y a lieu. (*J. Off.* du 31 août 1915. — Réponse à la question 3932.)

Les réfugiés hébergés par les soins de l'État ne peuvent déplacer leur résidence sans autorisation du Préfet, à raison des conditions imposées aussi bien par l'autorité civile que par l'autorité militaire pour le séjour dans certaines régions.

Le Préfet peut délivrer des bons de transport gratuit.

DIVERS

Pensions et retraites. — Payement des arrérages

Les réfugiés détenteurs de leurs titres peuvent toucher les arrérages aux caisses des comptables du Trésor.

Des dispositions spéciales règlent le payement des arrérages de la Caisse des retraites et des retraites ouvrières.

Le retraité doit remettre au percepteur, receveur des Finances ou trésorier général, une note indiquant son nom et son adresse, le numéro du titre de pension viagère, le département où il était payable, les arrérages à toucher, le comptable à la caisse duquel devra avoir lieu de payement.

L'intéressé est ultérieurement avisé lorsque le payement par virement a été autorisé.

La demande peut être faite à l'avance et spécifier que tous les arrérages ultérieurs devront être payés à la caisse désignée, sauf demande nouvelle de changement.

Exceptionnellement les arrérages des pensions qui étaient payables dans le département du Nord pourront être encaissés à simple présentation du titre sans demande préalable de virement, sauf pour les arrérages antérieurs au 1er août, payables comme ci-dessus.

(En cas de difficultés, indiquer comme références les circulaires de la Caisse des Dépôts et Consignations du 19 mai 1915, pour les pensions de la Caisse des Retraites, lois de 1886 et 1914, et du 17 juillet 1915, pour les retraites ouvrières, loi de 1910.)

Retraites ouvrières
Versement des assurés facultatifs bénéficiant du régime transitoire

Les assurés facultatifs évacués ont la possiblité, pendant le délai de deux ans que leur accorde l'article 121 du règlement d'administration publique du 25 mars 1911, de compléter au minimum légal les versements figurant sur les cartes échangées. Ils pourront ainsi se réserver le plein de la bonification de l'Etat.

(Rép. du Min. du Travail à la question 4941, *J. Off.* du 19 octobre 1915.)

Remboursements des caisses d'épargne

En aucun cas, les remboursements ne pourront être effectués au profit de déposants de caisses d'épargne dont la comptabilité est restée en pays envahi, lorsque le livret ne pourra être représenté. (*J. Off.* du 3 septembre 1915. — Réponse à la question 4121.)

Lorsque les titulaires de livrets sont prisonniers, aucun remboursement ne peut être effectué sur le capital du livret que sur présentation du livret et d'une autorisation du titulaire (lettre ou carte postale). (*J. Off.* du 18 août 1915. — Réponse à la question 3970.)

Retour en Belgique

Les réfugiés belges qui désirent se rendre à l'étranger ou rentrer en Belgique doivent s'adresser aux consuls belges, en France, pour obtenir un passeport.

Ils sont tenus de faire viser cette pièce, avant leur départ, par le Préfet du département où ils résident. Toutefois, les passeports délivrés par le Gouvernement belge à ses nationaux au Havre (Sainte-Adresse), par l'entremise du Ministère royal des Affaires étrangères et par le service de la Sécurité (ministère de la Justice), sont dispensés de tout visa, en raison des droits de souveraineté consentis au Gouvernement belge en territoire français. Les personnes munies de ces derniers passeports n'ont pas à se procurer d'autres documents pour sortir de France.

D'autre part, les Belges ayant été attachés à l'armée belge, à quelque titre que ce soit, ainsi que les gardes civiques belges licenciés, ne peuvent obtenir des agents diplomatiques et consulaires de Belgique des passeports à destination de la Suisse ou des Pays-Bas sans une autorisation spéciale de M. le Ministre de la Guerre du royaume et l'assentiment du Ministre des Affaires Étrangères de Belgique au Havre. En conséquence, le visa du passeport doit être refusé aux anciens militaires et gardes civiques belges s'ils ne produisent pas les autorisations réglementaires. La restriction dont il s'agit ne s'applique pas aux Belges se rendant en Angleterre.

Ces diverses prescriptions ont été portées à la connaissance des Préfets par des circulaires en date des 27 mai, 29 juillet et 16 août 1915. (*Rép. du Min. de l'Intérieur à la question* 574, *J. Off.* du 19 novembre 1915.)

Application du moratorium des loyers aux évacués et aux réfugiés

La question de l'application aux réfugiés du moratorium des loyers a été soumise au comité de législation commerciale siégeant au ministère du Commerce. Les conclusions de ce comité ont été les suivantes :

I. — En ce qui concerne les locations d'immeubles dont les loyers varient suivant les saisons :

Considérant que ces locations ne sont faites que pour la durée d'une saison seulement ; qu'on ne peut invoquer les décrets actuellement en vigueur pour les étendre par voie de prorogation à une autre saison pour laquelle les prix sont nécessairement, et d'après un usage constant, très différents des prix convenus ; qu'autrement, et sous le nom de *prorogation*, on imposerait en réalité un bail nouveau pour un prix non convenu par les parties et qui pourrait n'avoir aucun rapport avec la valeur locative de l'immeuble loué,

Est d'avis que les locations en question prennent fin avec la saison pour laquelle elles ont été faites, sans que les décrets actuels sur la prorogation des baux puissent s'appliquer pour en prolonger la durée.

II. — Sur le point de savoir s'il y a lieu de proroger par un décret spécial les baux et le payement des loyers des locataires réfugiés ou évacués pour les immeubles par eux loués au cours de la guerre dans les localités où ils se sont réfugiés :

Considérant que les divers motifs qui ont imposé dès le début de la guerre la prorogation des baux et du payement des loyers n'existent pas pour les baux contractés au cours de la guerre ;

Que, d'ailleurs, les juges ont le pouvoir d'accorder, dans tous les cas où cela leur paraît juste, des délais pour le payement des loyers arriérés ;

Qu'au surplus, il appartient à l'autorité administrative de pourvoir, par voie de réquisition avec indemnité, au logement des réfugiés et évacués qui n'ont pas les ressources suffisantes ; qu'il ne serait pas juste de faire supporter par des particuliers une charge qui incombe à la collectivité ;

Qu'enfin un décret prorogeant les baux et le payement des loyers des réfugiés et évacués aurait ce résultat fâcheux que la plupart des réfugiés et évacués qui ont le moyen de payer leur loyer, et en fait l'ont payé jusqu'ici, cesseraient de le faire,

Est d'avis qu'il n'y a pas lieu de prendre un décret spécial pour proroger les baux et le payement des loyers des réfugiés et évacués. (Rép. du min. de l'Int. à la question 4666, *J. Off.* du 29 septembre 1915.)

Identité des réfugiés

Une circulaire du 24 novembre 1914 a prescrit aux Préfets de faire délivrer aux réfugiés, afin de donner tous renseignements utiles aux agents des autorités civiles ou militaires, une carte-certificat de résidence portant, entre autres indications, l'état civil tel qu'il est établi par les pièces que possèdent les réfugiés ou, à défaut, tel qu'il résulte de leurs déclarations, et le signalement. (*Rép. du Min. de l'Intérieur à la question* 5787, *J. Off.* du 23 novembre 1915.)

ŒUVRES POUR LES RÉFUGIÉS

Œuvre du secours de guerre,

Œuvre d'assistance aux réfugiés, orphelins et sans abri,
9, place St-Sulpice.

Cette œuvre a été fondée dès le début de la guerre par les gardiens de la paix des VIe et XIVe arrondissements avec l'appui moral et matériel des commerçants du quartier. Elle s'est bornée d'abord à hospitaliser des familles réfugiées au Cinéma Raspail, puis à l'ancien Séminaire St-Sulpice. Actuellement l'œuvre ne se borne plus à donner chaque jour un gîte à environ 1.800 réfugiés, et elle a organisé pour eux divers services : vestiaire, atelier de couture, office de travail, pouponnière, classes enfantines, service médical, désinfection. Enfin l'œuvre reçoit gratuitement, pour quelques jours, les soldats permissionnaires, éclopés ou convalescents, des régions envahies.

Le Secours de guerre a trois annexes : 61 *bis*, rue Notre-Dame-des-Champs, *orphelins* ; 29, rue Gassendi, *garderie* ; 185, rue de Vanves, *refuge*.

Du Comité de l'Œuvre font partie des personnalités appartenant à tous les groupes politiques et à toutes les confessions religieuses. Mgr Baudrillart et M. le curé de St-Sulpice en sont membres.

Les Cheminots réfugiés

L'Union Catholique du Pas-de-Calais, Maison des Cheminots, tiendra ses réunions le mardi à 3 h., 31, rue de Caulaincourt, Maison du Sacré-Cœur.

Les *Réfugiés* peuvent s'adresser à sœur Gabrielle, à cette adresse, et à M. l'abbé de Clerck, directeur de l'Œuvre.

L'Abri.

Siège social, 3, quai Voltaire (7ᵉ).

L'ABRI, *Société de Secours à l'époque du terme*, se propose essentiellement de venir en aide aux familles nombreuses, qui se trouvent dans une gêne momentanée et qui sont susceptibles de relèvement. En même temps, l'ABRI cherche à retirer de l'odieux hôtel meublé les familles qui, dans un moment de détresse, y ont échoué, non seulement en leur payant le terme d'avance d'un logis convenable, mais encore en les aidant à se procurer le mobilier nécessaire. Cette œuvre, d'une haute portée sociale, bien connue dans les milieux populaires, a des Comités dans les arrondissements de Paris, et, en banlieue, à Neuilly, à la Plaine-St-Denis, à Boulogne, à Puteaux, à Courbevoie et à Saint-Ouen. Mais on ne peut se mettre utilement en rapports avec les Comités locaux que pour appuyer une demande adressée préalablement au siège social, 3, quai Voltaire, ou pour donner tous renseignements utiles sur la famille qui a fait l'objet de cette demande. Depuis la guerre, le moratorium semblait devoir supprimer complètement l'action de l'ABRI ; il n'en a rien été : l'ABRI a mis son activité au service des réfugiés ; fidèle à sa pensée directrice, l'œuvre les sort de l'hôtel meublé et, en payant le terme d'avance, en fournissant les meubles indispensables, les aide à s'installer dans un logis propre et sain. La prolongation de la guerre rend ce service singulièrement appréciable.

Les demandes de secours ne doivent jamais émaner de celui qui est appelé à en bénéficier. Seuls les ADHÉRENTS DE L'ABRI, qui ont droit à trois présentations par an, peuvent utilement les adresser au siège social. Pour être adhérent, il suffit de faire une offrande chaque semestre.

Les VISITEURS, membres des Comités, peuvent également présenter des demandes.

La liste des Comités locaux est déposée dans nos bureaux, à la disposition de tous ceux qui désireraient la consulter.

LA RÉPARATION DES DOMMAGES DE GUERRE[1]

ÉTUDE GÉNÉRALE [2]

La matière est très délicate et l'application des principes est encore insuffisamment fixée.

D'après la législation antérieure à la guerre, la réparation des dommages pouvait être du ressort du droit commun ; elle pouvait aussi être assurée conformément aux règles posées par la loi du 3 juillet 1877 à l'égard des réquisitions, des indemnités pour logement et cantonnements de troupes et des dégâts à l'occasion des manœuvres. Enfin certains dommages devaient donner lieu à l'application de la loi des 8-10 juillet 1791.

La loi du 26 décembre 1914, article 12, a posé plus largement que la législation précédente, et sans limitation, le principe du droit à la réparation des dommages matériels résultant de faits de guerre. Les décrets des 4 février et 20 juillet 1915, qui ont organisé la procédure, n'ont apporté aucune précision dans la détermination du champ d'application de ce principe. Ils ont seulement indiqué que la législature antérieure (loi du 3 juillet 1877) continuerait à s'appliquer aux dégâts commis par les troupes françaises et alliées dans leurs logements et cantonnements. Encore cette restriction a-t-elle été très atténuée par deux circulaires du ministre de l'Intérieur (19 mars et 11 mai 1915. Voir plus loin).

La nouvelle législation se substitue-t-elle à l'ancienne pour tous les autres dommages matériels résultant de faits de guerre, alors même que les victimes pourraient trouver le fondement de leur droit dans les textes préexistants ou, au contraire, son application est-elle limitée aux dommages dont aucune réglementation ne sauvegardait jusqu'ici la réparation ?

Certains commentateurs inclinent vers cette dernière interprétation en faisant remarquer que la législation antérieure, et notamment la loi du 8-10 juillet 1791, nantissent les victimes d'une action beaucoup plus précise que le texte du 26 décembre 1914.

---

1. Cette législation a été rendue applicable aux colonies par décret du 30 septembre 1915 (*Off.* 4 oct.)
2. Consulter les *Dommages de guerre*, Berger-Levrault, 1 fr. 25. Étude très juridique et très fouillée de la réparation de tous les dommages de guerre.

Aussi bien, les droits des victimes de la guerre ne pourront-ils être considérés comme fixés que lorsque le Parlement aura voté la loi actuellement à l'étude et prévue par celle du 26 décembre 1914[1].

En passant en revue les divers faits qui peuvent donnèr lieu à indemnité ou réparation, nous indiquerons les conditions dans lesquelles peuvent être produites les demandes d'indemnités.

Dommages auxquels ne s'applique pas en principe la législation nouvelle

I

a) *Causés par l'ennemi.*

Prestations et fournitures diverses pour *contributions ou amendes collectives* imposées aux communes.

Procédure spéciale prévue par le décret du 4 février 1915 (art. 15) non encore instituée.

b) *Causés par les troupes françaises et alliées.*

Passage ou stationnement de troupes.

Loi du 3 juillet 1877, art. 54.

Réclamation à la mairie dans les trois jours.

Logement ou cantonnement de troupes.

Décrets du 2 août 1877 et du 27 décembre 1914.

Réclamations remises au maire (zone de l'intérieur) dans le délai de trois heures, ou au juge de paix (zone des armées) dans le délai de douze heures.

Une enquête est faite et un procès-verbal formant titre est remis à l'intéressé.

Le délai est suspendu pour les communes occupées par l'ennemi ou évacuées à son approche.

Un nouveau délai de un mois court à partir de l'arrivée des habitants des communes évacuées dans leur nouvelle résidence, — de la cessation de l'occupation pour les habitants restés en territoire envahi, — du retour dans leur commune d'origine pour les habitants emmenés en captivité.

Toutefois, les demandes d'indemnités pour dégâts occasionnés par le logement ou le cantonnement des troupes peuvent être présentées suivant la procédure prévue, pour les dommages de guerre propre-

---

1. Voir les fascicules publiés par le Comité national d'action pour la réparation inté-grale des dommages causés par la guerre (siège social : Hôtel de la Société des Ingénieurs civils).

ment dits, par les décrets des 4 février et 20 juillet 1915, lorsque les habitants peuvent *justifier qu'ils ont été empêchés* de formuler leurs demandes dans les conditions ci-dessus indiquées.

Fourniture d'objets ou denrées. En principe, application de la loi du 3 juillet 1877 sur les réquisitions. État dressé par le maire d'après les reçus délivrés aux intéressés par l'autorité militaire.

Si les objets ou denrées ont été enlevés sans réquisition régulière, ni délivrance de reçus, les intéressés peuvent essayer d'obtenir néanmoins l'application des règles relatives aux réquisitions en suppléant aux pièces régulières par des preuves accessoires. À défaut de solutions en ce sens, ils peuvent adresser au ministre de la Guerre une demande de réparation du préjudice causé, fondée sur le droit commun, ou recourir à la procédure des décrets des 4 février et 20 juillet 1915, si l'enlèvement des objets ou denrées peut-être rattaché à un fait de guerre.

Dépossession, démolition, privation de jouissance d'immeubles. Pour mesures préventives de défense non motivées par l'éventualité très prochaine d'une attaque.

Réclamation adressée au représentant du génie de la circonscription. Il peut y avoir lieu à l'application de la loi du 3 mai 1841 sur les expropriations.

Les travaux de terrassement, abatages d'arbres, etc., motivés par la mise en défense du camp retranché de Paris paraissent rentrer dans cette dernière catégorie de dommages.

c) *Dommages résultant de l'interruption d'une industrie, d'une exploitation commerciale ou agricole.*

L'article 7 du décret du 20 juillet 1915 spécifie formellement que ces dommages ne donnent pas lieu à la réparation.

II

Dommages résultant do faits de guerre dont la réparation peut être demandée conformément au Décret du 20 juillet 1915

Contributions de guerre individuelles.

Amendes individuelles (sauf appréciation du motif par la Commission).

Valeur des *objets* et *denrées* ayant fait l'objet d'une *réquisition* individuelle de l'ennemi (sauf déduction de l'indemnité versée).

Logement et cantonnement de troupes ennemies.

Tous dommages matériels causés aux propriétés par l'ennemi.

Dommages matériels occasionnés aux propriétés par les *armées françaises et alliées*, soit pour la préparation directe de la *lutte*, soit au cours des *engagements*.

III

Procédure instituée par le décret du 20 juillet 1915

Demandes (art. 3).

Dépôt ou *envoi d'un pli recommandé* à la mairie de la commune dans laquelle le dommage s'est produit. Remise d'un récépissé aux intéressés.

Délai : un mois après la date fixée par un arrêté préfectoral. (Si pour une cause légitime la demande n'a pu être présentée dans ce délai, le Préfet peut convoquer à nouveau la Commission.)[1]

Pétitionnaire : l'intéressé ou son représentant légal. (La déclaration de dommage ne peut être faite par un tiers, ou même par le maire d'office et sans mandat spécial.)

Forme : les demandes doivent être libellées sur les formules déposées dans les mairies. Elles sont appuyées de toutes pièces propres à établir la réalité et à permettre l'évaluation du dommage (attestations certifiées, rapports d'experts, factures d'achat, baux, décisions judiciaires, actes de vente ou de succession, polices d'assurance).

Elles doivent contenir obligatoirement la déclaration du montant des indemnités déjà allouées — à un titre quelconque — ou l'affirmation qu'aucun dédommagement n'a été encore reçu.

---

1. Une interprétation ministérielle vient d'apporter quelque tempérament à la rigueur des textes.

« L'article 14 de la loi du 3 juillet 1877 et l'article 29 du décret du 2 août 1877 modifié « le 27 décembre 1914, prescrivent d'opposer la déchéance à l' « habitant ». Par suite, la « forclusion ne saurait être prononcée contre le prestataire n'habitant pas la localité ou « absent momentanément, qui n'a pas formulé sa réclamation dans les délais légaux, à « condition qu'il n'ait aucun représentant dans la commune. Les délai   commencent à « courir à son égard   l'à partir du moment où il a eu connaissance des dégâts de cantonne- « ment. »

(Rép. du Min. de la guerre à la question 4609, *J. off.* du 4 novembre 1915.)

Il ne faut pas confondre ce recours avec le droit nouveau et, beaucoup plus général qui résulte de la loi du 26 décembre 1914. La procédure instituée en vertu de cette loi ne s'applique en principe qu'aux dommages résultant directement de la lutte.

Toutefois elle peut être exceptionnellement employée pour demander la réparation des simples dégâts d'occupation lorsque les intéressés ont été empêchés de présenter leur demande dans les délais et les décrets précités.

Ceux qui ont souffert de dégâts de cantonnement ont donc éventuellement deux voies de recours.

Commission cantonale.

Les dossiers transmis à l'expiration du délai d'un mois au maire du chef-lieu de canton sont transmis à une Commission cantonale de 5 membres (art. 4).

Elle *doit* entendre, si la demande lui en est faite : l'intéressé, — la personne habituellement chargée de ses intérêts, — le maire.

Elle *peut* convoquer l'intéressé, le maire, ou toute personne ayant une compétence spéciale pour l'évaluation de certains dommages.

Le postulant peut être invité à affirmer la réalité du dommage sous la foi du *serment*. En cas de fraude, le Procureur de la République peut être saisi aux fins de poursuites correctionnelles.

Les délibérations de la Commission ne sont valables que si tous les membres sont présents (art. 6).

Communication des décisions aux intéressés et réclamations.

Dans le *délai d'un mois* en principe, envoi dans les mairies d'états des évaluations admises par la Commission. Les intéressés qui n'admettraient pas les rectifications de la Commission peuvent prendre connaissance de leur dossier à la mairie du chef-lieu de canton (art. 7 et 8).

Faculté d'*appel* dans un délai de *quinze jours* devant la *Commission départementale* (art. 8).

Commission départementale.

Commencement des travaux huit jours après la transmission des dossiers, Délai d'examen : un mois.

Un état des évaluations admises par la Commission départementale doit être adressé aux mairies pour communication aux intéressés.

Demandes en revision.

Un délai de quinze jours est accordé pour présenter les réclamations fondées sur la violation des règles posées par le décret du 20 juillet 1915.

Ces réclamations sont portées devant la Commission supérieure.

Commission supérieure.

Elle statue sur les demandes en revision ou les renvoie devant les Commissions compétentes.

Elle examine toutes les évaluations des Commissions départementales et peut les modifier. Ses décisions sont définitives.

Bibliographie

Les Dommages de la Guerre, Berger-Levrault, 1 fr. 25.

ŒUVRES DE SECOURS AUX RÉGIONS DÉVASTÉES

La Reconstitution du Foyer

La Reconstitution du Foyer, 14, rue de Clichy, Paris ; succursale Hôtel de Ville, à Châlons-sur-Marne. Fournit gratuitement les meubles simples, la literie, le linge, les ustensiles de cuisine, etc.

Pour les Agriculteurs des régions dévastées

Comité constitué par l'*Automobile Club* pour procurer des outils et appareils agricoles, 6, place de la Concorde, Paris.

♣

ŒUVRES DIVERSES

Le Comité Central des Secours Américains. American Relief Clearing House, 5, rue François-Ier.

Ce Comité a été fondé pour coordonner et orienter les secours que les États-Unis destinent à la France et à ses alliés, dons en argent et en nature. Il constitue l'Office Central des œuvres de guerre américaines. On peut s'y renseigner sur les conditions de fonctionnement de ces œuvres et les besoins auxquels elles sont spécialement appropriées.

Le recours à cet organisme charitable semble particulièrement indiqué en faveur des Américains, Anglais et Belges.

Les prêts d'honneur

« Cette œuvre a l'ambition, en agissant avec une discrétion
« absolue, de conjurer autant que faire se peut les tortures morales,
« de soutenir ces foyers momentanément privés du strict nécessaire,
« de les mettre en mesure de franchir avec dignité cette période
« difficile entre toutes. »

Le siège de l'Œuvre est à l'*Office Central des Œuvres Charitables*, qui procurera à ces familles une aide momentanée leur permettant ainsi de vivre jusqu'à ce que la paix leur ait permis de rentrer en contact avec leurs sources antérieures de revenus.

Adresser les demandes à M. de Goyon, 175, boulevard Saint-Germain (siège de l'Office Central), avec l'indication : « Pour le Prêt d'honneur ».

Cours gratuits

Le Comité central de secours aux victimes de la guerre a ouvert, le 23 août 1915, rue Edouard-VII, un institut d'enseignement commercial (sténographie, dactylographie, langues, classement, etc.). Cet institut est spécialement réservé aux victimes de la guerre (mutilés, réformés, veuves, orphelins, réfugiés, etc.), qui peuvent se faire inscrire tous les jours, entre 18 et 19 heures, au siège social, rue de Richelieu, 98.

♣ ♣ ♣

VII

CONSÉQUENCES CIVILES DE LA GUERRE

MORATORIUM

LOYERS

Baux ordinaires. --- Décret du 14 septembre 1915

Un nouveau décret, en date du 14 septembre, reproduisant sans modification celui du 17 juin, a de nouveau prorogé les mesures adoptées en faveur des locataires français (Métropole et Algérie), alsaciens-lorrains, polonais et tchèques ayant obtenu un permis de séjour en France, et ressortissants des pays alliés et neutres.

En voici le résumé :

Délais pour payement des termes échus

I

En ce qui concerne les *locataires présents sous les drapeaux*, les sociétés en nom collectif, dont tous les associés, et les sociétés en commandite, dont tous les gérants sont présents sous les drapeaux, les veuves des militaires morts sous les drapeaux depuis le 1ᵉʳ août 1914, les femmes de militaires disparus depuis la même date, ceux des membres de leurs familles qui habitaient antérieurement avec eux. (Voir *Corr.* 11, p. 10, l'indemnité de logement aux prisonniers).

Un *délai de trois mois* est accordé pour le paiement des termes de leur loyer qui, soit par leur échéance normale, soit par leur échéance prorogée en vertu des décrets précédents, deviendront exigibles du 1ᵉʳ octobre au 31 décembre 1915.

Cette prorogation a lieu *de plein droit*, quelle que soit l'importance du loyer et sans aucune restriction.

II

En ce qui concerne les *locataires non présents sous les drapeaux* :
1º Ceux habitant les départements (ou parties du département)

affectés par la guerre (Aisne, Ardennes, Marne, Meurthe-et-Moselle, Meuse, Nord, Oise (arrondissements de Compiègne et Senlis), Pas-de-Calais (arrondissements d'Arras, Béthune et Saint-Pol), Seine-et-Marne (arrondissements de Coulommiers, Meaux, Melun et Provins), Somme (arrondissements d'Amiens, Doullens, Montdidier et Péronne), Territoire de Belfort, Vosges (arrondissements d'Épinal et de Saint-Dié), quel que soit le montant de leur loyer ;

2° Ceux habitant Paris, le département de la Seine, Saint-Cloud, Sèvres et de Meudon (Seine-et-Oise) :

a) Patentés ou non patentés ayant loyer inférieur ou égal à 1.000 francs ;

b) Patentés ayant loyer de 1.000 à 2.500 francs ;

3° Ceux habitant villes de 100.000 habitants et au-dessus dont le loyer est inférieur ou égal à 600 francs ;

4° Ceux habitant villes de moins de 100.000 habitants et plus de 5.000 et dont le loyer annuel est inférieur ou égal à 300 francs ;

5° Ceux habitant dans les autres communes et dont le loyer est inférieur ou égal à 100 francs. (Voir p. 70, *Réfugiés, Évacués*) ;

Le même délai de *trois mois* est accordé pour les mêmes termes, mais *le propriétaire est admis à justifier* devant le juge de paix que son locataire peut payer tout ou partie de son loyer, *sauf pourtant le cas où il s'agit d'un locataire habitant Paris, le département de la Seine, Saint-Cloud, Sèvres ou Meudon et ayant moins de 600 francs de loyer :* par exception, le propriétaire n'est pas admis alors à faire la preuve que son locataire peut payer.

III

En ce qui concerne les locataires non présents sous les drapeaux *ne rentrant pas dans les catégories précédentes, mais admis par les décrets antérieurs à bénéficier des prorogations de délai,* le délai de trois mois est accordé pour :

1° *Les termes venant à échéance entre le* 1er *octobre et le 31 décembre,* mais sous réserve par le locataire de faire *une déclaration* qu'il est hors d'état de payer lesdits termes : cette déclaration doit être faite au greffe de la justice de paix, où elle est consignée sur un registre et dont il est délivré récépissé ; elle doit être effectuée au plus tard la veille du jour où le paiement doit avoir lieu : le propriétaire en est avisé par les soins du greffier au moyen d'une lettre recommandée avec avis de réception. Au cas où le propriétaire veut contester cette déclaration, il cite le locataire devant le juge de paix : *le locataire doit présenter toutes preuves à l'appui de sa déclaration ;*

2° *Pour les termes échus* qui, ayant bénéficié de prorogations, deviendront exigibles entre le 1er octobre et le 31 décembre; toutefois *le propriétaire est admis à justifier* devant le juge de paix que son locataire est en état de payer tout ou partie des termes impayés [1].

Suspension de l'effet des congés

Les congés dont l'effet se produira entre le 1er octobre et le 31 décembre 1915 sont prorogés de *trois mois* au bénéfice des locataires visés ci-dessus.

Les *baux prenant fin sans congé* pendant la même période sont prorogés du même délai.

Ces prorogations n'auront effet que sous les réserves énoncées dans l'article 3 du décret du 27 septembre 1914.

Relocations.

La relocation d'un local pour lequel un congé a été donné, et prorogé conformément aux divers décrets sur la matière, est prorogée dans les mêmes conditions.

Un nouveau locataire qui reste dans son ancien logement sous le bénéfice d'une suspension de congé (ou d'une prolongation de bail prenant fin sans congé) ne peut être astreint au payement du loyer du logement qu'il n'occupe pas encore ; mais le propriétaire de ce dernier logement peut obtenir la résiliation du bail.

Dispositions diverses

Décès du locataire mobilisé.

A défaut de stipulation expresse de continuation du bail en cas de décès, les héritiers ou ayants droit d'un locataire mort sous les drapeaux peuvent demander au juge de paix l'autorisation de sortir des lieux sans acquitter les termes échus et indemnités usuelles de rupture de bail : la sentence du juge de paix fixe les délais accordés pour le payement de ces diverses sommes.

---

1. L'article 6 du décret du 1er septembre 1914, qui règle la procédure à suivre en justice de paix en matière de prorogation de loyers, est applicable à toutes les contestations auxquelles peut donner lieu cette prorogation, et notamment aux instances suivies par les propriétaires pour établir que leurs locataires sont en état de payer, ou pour constater la déclaration que les locataires ont faite qu'ils ne sont pas en état de payer.

Cet article dispense les actes de procédure de l'espèce des droits de Timbre et d'Enregistrement. (*Rép. du Min. de la Justice à la question 5854, J. off. du 24 novembre 1915.*)

Loyers payables d'avance.

Les loyers payables d'avance sont considérés comme payables à
terme échu au point de vue des payements effectués ou à effectuer
dans les départements ci-après :

Aisne, Ardennes, Aube, Doubs, Eure, Haute-Marne, Haute-Saône,
Marne, Meurthe-et-Moselle, Meuse, Nord, Oise, Pas-de-Calais, Seine,
Seine-et-Marne, Seine-Inférieure, Seine-et-Oise, Somme, Vosges,
Territoire de Belfort.

Contestations, compétence.

Les contestations auxquelles peut donner lieu l'application de ces
diverses dispositions sont de la compétence du juge de paix du canton (à Paris, de l'arrondissement) dans lequel est situé l'immeuble
loué [1].

Le juge de paix appelle les parties en conciliation et ne renvoie
en séance publique que si le désaccord persiste.

Fermiers et métayers. --- Décret du 24 novembre 1915

Les décrets antérieurs, prolongeant d'un an la date d'expiration ou
d'entrée en jouissance des baux, n'étaient applicables qu'aux contrats
dont l'effet se réalisait avant le 30 novembre 1915. Leurs dispositions
ont été étendues par décret du 24 novembre 1915 (*J. Off.* du
28 novembre 1915) aux baux dont l'expiration ou l'entrée en
jouissance se trouvent comprises dans la période du 1er décembre
1915 au 31 mars 1916.

Pour en bénéficier, les fermiers, ou un des membres de leur famille
attachés à l'exploitation agricole, doivent faire, au moins 15 jours

---

1. Le juge de paix n'est pas compétent pour statuer au fond ayant pour objet un loyer
dépassant 600 francs par an. Toutefois, il lui appartient d'accorder ou de refuser des délais,
et ce n'est qu'après qu'il s'est prononcé sur ce point par sentence en audience publique, —
à défaut de conciliation, — que le propriétaire peut se pourvoir devant le tribunal civil. La
sixième Chambre du Tribunal de la Seine vient de statuer sur ce point par un jugement dont
nous extrayons les attendus suivants :

« Attendu que les auteurs des décrets, lorsqu'il s'est agi de locations dépassant 600 francs,
« ont voulu que le juge de paix reste toujours compétent pour apprécier si le locataire
« est ou non en état de payer tout ou partie de son loyer et pour accorder ou refuser les
« délais de payement, sauf, dans le cas où il a refusé les délais, à renvoyer le propriétaire
« à se pourvoir devant le tribunal compétent, à savoir le tribunal civil, pour obtenir le
« payement desdits loyers ;

« Attendu qu'en même temps que le législateur fixait la compétence du juge de paix,
« en ce qui touche l'application du moratorium des loyers, il indiquait aussi que ce magis-
« trat, soit qu'il accorde ou qu'il refuse les délais, doit, après avoir entendu les parties dans
« son cabinet, rendre une sentence en audience publique, c'est-à-dire conformément au
« droit commun... »

avant la fin du bail, une déclaration écrite au propriétaire par lettre recommandée avec avis de réception, et en même temps au greffe de la justice de paix.

Colocataires

Chaque colocataire bénéficie en principe du moratorium, suivant sa situation personnelle, comme s'il jouissait d'une location distincte.

Toutefois, si les colocataires sont débiteurs solidaires parce qu'il existe entre eux un contrat de Société, le moratorium ne leur est applicable que s'ils sont tous sous les drapeaux.

Bibliographie

Voir *Revue Hebdomadaire*, 3 juillet 1915, et *Assistance éducative*, 15 octobre 1915.

DIVERS

Effets de commerce — Décret du 16 octobre 1915.

Art. 1er. — Les délais accordés par les articles 1, 2, 3 et 4 du décret du 29 août 1914, et prorogés par les articles 1er des décrets des 27 septembre, 27 octobre, 15 décembre 1914, 25 février, 15 avril et 24 juin 1915, sont prorogés, sous les mêmes conditions et réserves, pour une nouvelle période de soixante jours francs.

Le bénéfice en est étendu aux valeurs négociables qui viendront à échéance avant le 1er janvier 1916, à la condition qu'elles aient été souscrites antérieurement au 4 août 1914.

Art. 2. — Le porteur d'un effet de commerce, appelé à bénéficier pour la première fois d'une prorogation d'échéance, est tenu d'aviser le débiteur qu'il est en possession dudit effet et que le payement peut en être effectué entre ses mains.

Cet avis pourra être constaté soit par le visa signé et daté du débiteur sur l'effet de commerce, lors de la présentation, soit par une lettre recommandée.

Faute par le porteur d'accomplir ces formalités dans le délai d'un mois à dater de l'échéance normale de l'effet, les intérêts de 5 p. 100 institués à son profit par le décret du 29 août 1914 cesseront de courir à partir de l'expiration de ce délai.

Toutefois, ces formalités ne sont pas nécessaires si le porteur peut prouver que le débiteur a été antérieurement avisé.

Art. 3. — Sont maintenues toutes les dispositions des décrets des 29 août, 27 septembre, 27 octobre, 15 décembre 1914, 25 février, 15 avril et 24 juin 1915 qui ne sont pas contraires au présent décret.

Toutefois, l'application des articles 2, paragraphes 2 et 3, paragraphe 2, du décret du 27 octobre 1914, concernant le recouvrement des valeurs négociables et des créances à raison de ventes commerciales ou d'avances sur titres, est suspendue jusqu'à l'expiration dudit délai de soixante jours.

Sociétés d'assurance de capitalisation et d'épargne.
Décret du 28 août 1915

Le taux des payements à effectuer sur le capital des bons ou titres venus à échéance est porté de 50 à 75 o/o.

Le bénéfice de cette prorogation est étendu aux contrats à échoir avant le 1er novembre 1915, pourvu qu'ils aient été conclus avant le 4 août 1914. (Décret du 28 août 1915. — J. Off. du 29 août 1915. article premier.)

Décret du 30 octobre 1915

Art. 1er. — Les délais accordés par les articles 1er et 5 du décret du 27 septembre 1914 pour le payement des sommes dues par les entreprises d'assurance, de capitalisation et d'épargne, et prorogés par l'article 1er des décrets des 27 octobre, 29 décembre 1914, 23 février, 24 avril, 26 juin et 28 août 1915, sont prorogés pour une nouvelle période de trente jours francs, sous les mêmes conditions et réserves que celles édictées par le décret du 28 août 1915.

Toutefois, pendant la durée de cette prorogation, les entreprises de capitalisation seront tenues de payer l'intégralité du capital des bons ou titres venus à échéance.

Retraites ouvrières — Versements des assurés facultatifs mobilisés ou évacués bénéficiant du régime transitoire

Le Ministre du Travail s'est préoccupé de la situation des assurés facultatifs qui, par suite de leur mobilisation, n'ont pu effectuer le versement minimum de 9 fr. et, d'accord avec le Ministre des Finances, il a déposé le 30 septembre 1915 sur le bureau de la Chambre un projet de loi tendant à les dispenser de leurs versements pendant la durée de leur mobilisation.

Quant aux assurés facultatifs évacués, ils ont la possibilité, pendant le délai de deux ans que leur accorde l'article 121 du règlement d'administration publique du 25 mars 1911, de compléter au minimum légal les versements figurant sur les cartes échangées. Ils pourront ainsi se réserver le plein de la bonification de l'État.

(Rép. du Min. du Travail à la question 4941, *J. Off.* du 19 octobre 1915.)

♣

PROCÉDURE
DROIT CIVIL — DROIT PÉNAL

Assistance judiciaire

L'assistance judiciaire peut être demandée par lettre adressée à M. le Procureur de la République, même sans produire un certificat de non-imposition. Il suffit de produire, à l'appui de la demande, à défaut du certificat de non-imposition, un extrait des rôles des contributions et un certificat du maire constatant que le demandeur a déclaré qu'il n'avait pas de ressources suffisantes pour payer les frais de l'instance ou de l'acte pour lequel il voudra obtenir l'assistance judiciaire.

En cas de fausse déclaration, des poursuites correctionnelles peuvent être dirigées contre le déclarant.

Le bureau de l'assistance judiciaire, sur le vu de la demande et des pièces ci-dessus indiquées, accorde ou refuse l'assistance. Celle-ci peut être accordée non seulement pour une instance, mais encore pour divers actes et notamment le dépôt d'un testament, un envoi en possession, l'apposition ou la levée de scellés, etc.

Une circulaire de M. le Garde des Sceaux a invité les bureaux d'assistance judiciaire à se montrer assez larges pour l'appréciation de l'insuffisance des ressources des demandeurs quand il s'agit de successions de mobilisés. (Circulaire du 29 Juin 1915.)

Pour les avis des parents concernant des mineurs, de même que pour les actes nécessaires pour la convocation et la constitution des conseils de famille et l'homologation des délibérations de ces conseils, la gratuité, en cas d'indigence des mineurs, peut être accordée sans que l'on ait à demander l'assistance judiciaire dans les formes ordinaires.

En pareil cas, la gratuité est accordée, aux termes de l'art. 12, § 2 de la loi du 26 janvier 1892, lorsque l'indigence est constatée, conformément aux art. 6 et 8 de la loi du 10 décembre 1850, c'est-à-dire sur un certificat d'indigence délivré par le Commissaire de police, ou par le Maire dans la commune où il n'y a pas de commissaire de police, sur le vu d'un extrait du rôle des contributions constatant que les parties intéressées payent moins de 10 francs, ou d'un certificat du percepteur portant qu'elles ne sont pas imposées. Ce certificat doit être visé et approuvé par le juge de paix.

On délivre autant d'originaux de certificats d'indigence qu'il y a de bureaux d'enregistrement où on doit les produire.

Autorisation de femme mariée
(MARI MOBILISÉ)

En cas d'urgence reconnue par justice, la femme mariée, qui est dans l'impossibilité d'obtenir l'autorisation maritale par suite de la guerre, peut être autorisée par jugement rendu sur requête par la Chambre du Conseil (*Loi du 3 juillet* 1915).

Puissance paternelle
(PÈRE MOBILISÉ)

En cas d'urgence reconnue par justice, la mère, à défaut du père empêché par la guerre, exerce la puissance paternelle provisoirement (*Loi du 3 juillet* 1915).

Enfants belges nés en France.

Les enfants nés en France, pendant la durée de la guerre ou dans l'année qui suivra la cessation des hostilités, de parents belges dont l'un est né lui-même en France, n'auront pas *ipso facto* la qualité de Français. — Il sera toutefois nécessaire que le représentant légal du mineur, tel qu'il est indiqué dans l'article 9 du Code civil, déclare décliner pour celui-ci la qualité de Français dans les formes prévues par l'article 6 du Décret du 13 août 1889.

Cette déclaration, sur papier libre, devra être souscrite avant l'expiration de l'année qui suivra la cessation des hostilités. (Loi du 18 octobre 1915, *J. Off.* du 26 oct. 1915.)

Réhabilitation des condamnés cités à l'ordre du jour.

Loi du 4 avril 1915, complétant les articles 621 et 628 du C. Inst. crim. sur la réhabilitation des condamnés.

Art. 1er. — Il est ajouté à l'article 621 du Code d'instr. crim. un cinquième paragraphe ainsi conçu : « Si le condamné appelé sous les drapeaux en temps de guerre a été, pour action d'éclat, l'objet d'une citation à l'ordre de l'armée, du corps d'armée, de la division, de la brigade ou du régiment dont il fait partie, la demande en réhabilitation ne sera soumise à aucune condition de temps ni de résidence. En ce cas, la Cour pourra accorder la réhabilitation même lorsque ni les frais, ni l'amende, ni les dommages-intérêts n'auraient été payés, si le demandeur justifie qu'il est hors d'état de se libérer. »

Art. 2. — L'article 628 du C. instr. crim. est complété comme suit :

« Dans le cas prévu par le cinquième paragraphe de l'article 621, la demande, s'il s'agit de condamnations prononcées pour des infractions militaires, sera admise de droit sur la simple constatation de la citation à l'ordre. Dans les mêmes circonstances, si le condamné a été tué à l'ennemi ou est mort des suites de ses blessures, la faculté de demander la réhabilitation appartiendra à son conjoint, à ses ascendants, à ses descendants ou au Ministre de la Guerre.

La loi a été rendue applicable aux colonies françaises par le décret du 25 juillet 1915.

Mariages par procuration

Voir p. 34 et 110.

VIII

L'ASSISTANCE

Voir l'assistance aux familles de mobilisés, p. 53 ; aux victimes de la guerre, p. 70 ; par le travail, p. 101 et 102.

SECOURS DE CHOMAGE

Suppression

Par une circulaire en date du 5 mai 1915, le Ministre du Travail a invité les villes allouant des secours de chômage à insérer dans leur règlement une disposition prévoyant le retrait de ces secours aux personnes qui s'adonnent à la boisson.

Le Préfet de la Seine a pris en conséquence un arrêté insérant dans le règlement de la Ville de Paris la disposition suivante :

« La suppression temporaire ou définitive de l'allocation pourra être également prononcée contre les bénéficiaires qui auront été arrêtés pour ivresse manifeste, ou qui seront signalés comme fréquentant habituellement les débits de boissons ou employant en achats d'alcool les sommes qu'ils reçoivent. »

Condamnation pour escroquerie

Camelot vendant en ambulance dans les rues, ayant obtenu le secours de chômage sur déclaration que son métier était devenu improductif.

Sur constatation qu'il en avait repris l'exercice, sans déclaration à la Mairie, — afin de continuer à bénéficier des secours, — a été condamné au correctionnel pour escroquerie au chômage, condamnation confirmée en appel.

(Recommander de déclarer les reprises de travail. — On peut dans certains cas obtenir la continuation du secours, au moins partiellement.)

Bibliographie

Voir p. 61 la brochure indiquée.

ŒUVRES

La société philanthropique.

I. Dispensaires

Ces dispensaires sont destinés à donner gratuitement les soins et les médicaments nécessaires aux malades qui ont obtenu dans ce but des *cartes*, lesquelles sont personnelles et ont une validité de 3 mois.

Les malades non porteurs de cartes peuvent aussi venir aux dispensaires et les consulter gratuitement. Ils ont droit à des réductions sur le prix des médicaments chez les pharmaciens de la Société.

Les adresses des dispensaires sont : 85, rue Réaumur ; 22, rue Montgolfier ; 8, rue du Cloître-Saint-Merri ; 10, rue des Guillemites ; 7, rue Poulletier ; 32, rue Geoffroy-St-Hilaire ; 255, rue St-Jacques ; 120, rue du Cherche-Midi ; 15, rue de Bellechasse ; 105, rue St-Dominique ; 5, rue d'Artois ; 32, rue St-Lazare ; 13 *bis*, rue Ambroise-Paré ; 10, rue Alexandre-Parodi ; 140, rue du Chemin-Vert ; 36, rue Faidherbe ; 5, passage du Trône ; 77, rue de Reuilly ; 13, rue Marsoulan ; 39, rue Jenner ; 4, rue Jean-Marie-Jégo ; 201, avenue du Maine ; 5, rue Crocé-Spinelli ; 223, rue Lecourbe ; 78 *bis*, rue Boileau ; 77, rue Truffaut ; 33, rue Caulaincourt ; 44, rue Labat, 5, impasse Massonnet ; 48, rue Stephenson ; 7, rue Jean-Collin ; 166, rue de Crimée ; 73, rue de la Mare.

Il existe en outre : un HOPITAL-DISPENSAIRE, où les consultations sont gratuites, ainsi que les opérations et pansements, 92, rue du Bois, à Clichy (Seine), et 4 DISPENSAIRES SPÉCIAUX POUR LES ENFANTS, situés : 75, rue de Clignancourt ; 4, rue Jean-Marie-Jégo ; 166, rue de Crimée, et 48, rue des Pyrénées.

II. Asile temporaire d'enfants

Reçoit, pendant deux mois au plus, les enfants dont les parents sont malades, absents, ou les ont abandonnés. SIÈGE : 35, avenue de Choisy. — AGE D'ADMISSION : garçons, 3 à 7 ans ; filles, 3 à 12 ans. — FORMALITÉS : certificat de vaccin et certificat de médecin attestant que l'enfant n'est atteint d'aucune maladie contagieuse.

Adresser les DEMANDES à la Supérieure des Sœurs de Marie-Joseph, chargées de l'Asile.

On demande o fr. 25 par jour de présence aux familles qui ne sont pas absolument sans ressources.

III. Asiles de nuit pour femmes et enfants

253, rue Saint-Jacques ; 44, rue Labat ; 166, rue de Crimée ; 5, passage du Trône.

IV. Asile maternel

201, avenue du Maine. — Les personnes relevant de couches peuvent y être reçues pendant 15 jours. — Un dispensaire chirurgical pour femmes et enfants y est annexé.

V. Secours de loyers

La Société peut en accorder à des vieillards de plus de 70 ans. Ils sont donnés en principe pour un an. Ils peuvent être partiels.

VI. Maisons économiques

45, rue Jeanne-d'Arc ; 65, boulevard de Grenelle ; 3, avenue de Saint-Mandé ; 35, rue d'Hautpoul ; 7, passage de Melun ; 77, rue de Clignancourt ; 23 et 25, rue d'Alsace, à Clichy ; 62, rue d'Allemagne, et 1 et 3, passage de Melun (ces deux dernières maisons contiennent des logements-ateliers).

VII. Maisons pour dames et jeunes filles

37, rue Eugène-Carrière (XVIIIe) ; 1, rue de la Croix-Faubin (XIe) ; 12, rue des Feuillantines (Ve) ; 9%, rue de Meaux (XIXe).

L'association des infirmières visiteuses de France

Œuvre d'assistance des malades à domicile formée par la fédération d'œuvres existantes, de religieuses (Sœurs de Saint-Vincent de Paul) et de bonnes volontés nouvelles. A notamment pour objet, d'accord avec l'Assistance Publique, qui a le patronage officiel de l'œuvre, de suivre à domicile les malades sortis des hôpitaux et nécessitant la prolongation de soins.

L'Association a créé, 44, rue Château-des-Rentiers, un groupe de logements sanatoria pour tuberculeux et leurs familles (chambre d'isolement ; allocation journalière pour assurer un régime ; soins d'une infirmière résidant dans l'immeuble et veillant à l'hygiène).

Loyer : environ 350 francs.

. L'Œuvre organise, dans le même but, des groupes de logements meublés, où, moyennant une légère majoration de loyer, les locataires peuvent devenir propriétaires du mobilier. ·

Demandes, par l'intermédiaire des consultations du dispensaire Léon-Bourgeois, 65, rue Vaneau.

Liste des Infirmières représentant l'Association dans chaque arrondissement :

Ier et IIe Arr^{ts} : Mlle Danchèle, 2, place des Victoires.

IVe »   Mme Jegon-Cadart, 10, quai de Béthune.

V^e »   Ecole d'Infirmières, 10, rue Amyot.

VIe »   Mme Dalliès, 2, rue Séguier.

IXe »   Mme Robert, 25, rue Pigalle

X^e »   Mme Gaut, 156, faubourg Saint-Denis.

XIe »   Mme Stoffer, 10, avenue Parmentier.

XIIe »   Mme Ormier, 5, rue Ab l.

XIIIe »   Mlle Sumpt, 5, rue de l'Université.

XIVe »   Mlle Chaptal, 66, rue V ingétorix.

XVe »   Mme Bonde, 11, rue d Pondichéry.

XVIIe »   Mme Mauset-Dutilleur, o, avenue Victor-Hugo.

XVIIIe »   Mme P. Mallon, 2 place Malesherbes.

XXe »   Mme Noiré, 87, rue de Courcelles. ·

Secrétariat : Mlle de Montmort, 14, boulevard Emile-Augier.

BIBLIOGRAPHIE

Assistance maternelle

La Revue Philanthropique du 15 juillet 1915 a publié une étude sur l'Office d'assistance maternelle et infantile (groupement des refuges de maternité) et sur l'assistance aux femmes en couches.

La bienfaisance pendant la guerre

Paris charitable pendant la guerre, supplément à la publication de la liste des Œuvres par l'Office Central des Œuvres de Bienfaisance, chez Plon. Remis gratuitement, 175. boulevard Saint-Germain, aux personnes qui ont acheté le premier fascicule à l'Office Central.

Histoire anecdotique de la Guerre, FRANC-NOHAIN et PAUL DELAY,
chez Lethielleux, 10, rue Cassette.

Fascicule 4 : *La Bienfaisance pendant la Guerre.*

Revue Philanthropique, du 15 octobre 1915 : Les Œuvres de
guerre en Russie.

Assistance médicale

La Chirurgie d'urgence, par le Dr L. BILLON, Larousse, 1 fr. 75.

Etudes de Législation.

Immeubles et ressources des œuvres catholiques, par Aug. RIVET,
210 p., Mai 1913, 2 fr. — 5, rue Bayard.

Œuvres de logement

Voir **Logement, Hygiène sociale.**

♣ ♣ ♣

IX. — LE TRAVAIL

ORGANISATION

APPRENTISSAGE

Comité d'apprentissage, 196, boulevard Malesherbes, Paris.

Cette Œuvre a pour but de placer chez des patrons choisis et de suivre, par des visites aux patrons et aux familles, les enfants des œuvres catholiques.

Le patronage des enfants de l'ébénisterie

Cours gratuits, après-midi et soir. Caractère strictement professionnel. — Siège, 77, avenue Ledru-Rollin.

Bibliographie

L'Adolescence ouvrière (L'organisation de l'apprentissage), G. BELOT, « *Revue de Paris* », 15 août 1915.

PLACEMENT

La Solidarité catholique

Les demandes de travail se présentant fréquemment dans nos Secrétariats, le placement est une de leurs fonctions essentielles. Aussi nous paraît-il utile de rappeler quelques règles, dont nous ne devons pas nous écarter :

I. — Certains Secrétariats, quand ils se trouvent en présence d'une demande de place, s'empressent aussitôt de la transmettre à l'Œuvre de placement de la Solidarité catholique, 137, boulevard Saint-Germain. C'est une mauvaise façon de procéder : le Secrétariat doit, avant tout, chercher à pratiquer le **placement local**, et c'est seulement quand il ne trouve pas dans son rayon la place demandée qu'il peut s'adresser à la Solidarité catholique. Agir autrement, ce serait encourager la vie nomade, à laquelle l'ouvrier parisien n'est déjà que trop porté. Mais, pour pratiquer le placement local, il est indispensable que chaque Secrétariat entre en rapports avec

les industriels et les commerçants de l'arrondissement à Paris,
de la localité en banlieue ; que, renseignements pris, il dresse ensuite
une liste de ceux auxquels il peut utilement s'adresser. C'est ce que
font déjà plusieurs Secrétariats de Paris et de la banlieue : ce
devrait être la pratique générale. Ajoutons que, si le Secrétariat
ne trouve pas l'emploi des places qui lui sont offertes, il a le devoir
d'en faire bénéficier la Solidarité catholique[1].

II. — Que le placement se fasse directement ou par l'intermédiaire
de la Solidarité catholique, le Secrétariat a le devoir absolu d'exiger
du candidat des **références** au point de vue moral et professionnel, et
des références aussi sérieuses que possible. Faire un mauvais placement, c'est, pour rendre service à quelqu'un qui ne le mérite pas,
fermer à l'avenir la porte d'excellentes maisons à de bons et hon-
nêtes travailleurs. Si nous voulons qu'on ait confiance en notre
recommandation, sachons mériter cette confiance.

III. — Quand le Secrétariat a recours à la Solidarité catholique, il
doit lui adresser une lettre dans laquelle il lui donne le nom et
l'adresse des candidats, avec tous renseignements utiles. En même
temps, il dit au candidat qu'il sera convoqué par la Solidarité
catholique et devra s'y présenter muni de toutes ses références.
Cette procédure est de rigueur : **nous ne devons jamais envoyer
directement le postulant à la Solidarité catholique.**

IV. — S'il nous est interdit de recommander des candidats
douteux, à l'inverse n'oublions pas qu'il est certaines **maisons** et
certaines **professions indésirables** qu'il faut rigoureusement exclure
de nos listes : surtout quand il s'agit de jeunes gens, nous avons le
devoir étroit de ne pas compromettre leur santé physique ou morale,
en les introduisant dans des maisons où leur âme serait en péril, en
les engageant dans des métiers, tels que les verreries et certaines
professions alimentaires, où ils compromettraient leur santé et
épuiseraient prématurément leurs forces. Même quand nous plaçons
des adultes, souvenons-nous toujours qu'il nous appartient de
surveiller les conditions dans lesquelles ils seront employés, de les
défendre contre certaines exploitations, d'assurer en leur faveur le
respect de toutes les lois de protection votées dans ces dernières
années, de les orienter enfin du côté des syndicats catholiques.

1. On trouve à notre Secrétariat général des formules pour offres et demandes de
places.

Office national de recrutement et de placement
de la main-d'œuvre agricole

La mobilisation de tous les hommes valides jusqu'à l'âge de 48 ans prive l'agriculture du plus grand nombre des bras qui lui sont nécessaires pour assurer la rentrée et le battage des récoltes. Un office de recrutement et de placement de la main-d'œuvre agricole a été créé 78, rue de Varenne, sur l'initiative du Ministre de l'Agriculture et des grandes sociétés agricoles ayant leur siège à Paris. Il a pu fournir aux agriculteurs un grand nombre de réfugiés de Belgique et du territoire français occupé par l'ennemi. D'autre part, il a organisé l'immigration en France des ouvriers espagnols, qui y sont venus au nombre de plusieurs milliers. (Anc. 11, quai Malaquais).

Mais ces résultats sont encore loin de correspondre aux besoins de la culture au moment où se poursuivent les travaux de la moisson et où aussi aura lieu la cueillette des fruits d'automne, fort importante dans certaines régions. C'est un devoir pour tous ceux qui sont en âge de travailler de s'offrir pour coopérer à ces travaux, dont certains n'exigent aucun apprentissage et peuvent être accomplis même par des jeunes gens ayant terminé leurs études primaires, et auxquels la guerre ne permet pas de faire immédiatement choix d'un métier. On n'a qu'à s'adresser à l'Office, qui mettra tous ceux désireux de travailler en relations avec les nombreux cultivateurs qui s'adressent à lui pour trouver la main-d'œuvre. Mais son rôle se borne à établir ces relations de façon à ce que employeurs et employés fassent entre eux leurs conditions.

Quand l'Office est avisé que l'accord est fait, il délivre à l'employé une réquisition pour son transport gratuit par chemin de fer jusqu'à la station la plus proche de la ferme où il doit travailler[1]. L'Office ne peut naturellement fournir aucun renseignement sur l'honorabilité ni sur les sentiments religieux des cultivateurs qui s'adressent à lui. Il ne perçoit aucun droit. _____

BIBLIOGRAPHIE

Quelques aspects de Paris pendant la guerre. --- *VIII. Les Petites Mains*, par M. Helys, *le Correspondant*, 10 septembre 1915 (Les ouvroirs,

_____

1. L'Office peut même accorder une réquisition de ce genre aux travailleurs au placement desquels il n'a pas coopéré, mais qui justifie d'un placement assuré en province.

la fédération d'organisme de travail. Le travail à domicile. La ligue du jouet français. La Section de Travail de l'Union des Veuves de la Guerre. Patria. L'Union française d'acheteuses. Etude sur le travail féminin et diverses œuvres contre le chômage).

— Fédération des organismes de travail (Rapport présenté à la réunion des directrices d'Ouvroirs).

♣

PROTECTION

ACCIDENTS

Travailleurs agricoles

La réglementation applicable varie suivant que les militaires profitent d'une « permission agricole », ou au contraire font partie d' « équipes de travailleurs » mises par l'autorité militaire à la disposition des communes.

Les **permissionnaires**, agissant de bonne volonté et sur leur demande, n'ont à l'égard de leurs employeurs que le recours habituel de tout ouvrier agricole, c'est-à-dire :

— La législation générale sur les accidents du travail (*loi du 9 avril* 1898), lorsque l'accident a été causé par une machine mue par un moteur inanimé (*loi du 30 juin* 1899) ;

— Le droit commun en matière de responsabilité civile, dans tous les autres cas.

Les **travailleurs militaires** affectés à l'exécution des travaux agricoles des communes qui ont demandé des équipes sont considérés, en cas d'accident, comme ayant reçu des blessures ou contracté des infirmités en service commandé, et bénéficient à ce titre des dispositions relatives aux pensions militaires et aux gratifications de réforme. (*Loi du 11 avril* 1831 et *Décrets des 13 février* 1906 et 24 *mars* 1915). (*Solution du Ministre de la Guerre*).

Mobilisés détachés dans des usines privées

Les militaires mobilisés dans les établissements industriels sont considérés comme en sursis d'appel (art. 6 de la loi du 17 août 1915).

Ils sont donc placés en principe sous le régime de la loi du 9 avril 1898, en cas d'accidents du travail. (Voir détails à *Corr.* n° 6, p. 6 et 7).

Ils n'ont pas droit à la correspondance en franchise, ni au voyage à quart de place. (Voir p. 11).

A Paris, en cas de maladie ou d'accident, ils doivent, s'ils peuvent se transporter, se rendre à la consultation au dépôt du 19e escadron du train, îlot Fontenoy.

S'ils ne peuvent se rendre à la consultation, ils doivent aviser tout de suite par lettre :

1° Le général commandant le département de la Seine, qui donnera des ordres pour les faire visiter à domicile ;

2° Le directeur de leur usine.

Pour les militaires en sursis résidant *extra muros*, ils doivent, en cas de maladie ou d'accident, se rendre, s'ils peuvent se transporter, à la visite du corps le plus rapproché de leur domicile. S'ils ne peuvent se transporter, ils doivent aviser par lettre, en même temps que le directeur de leur usine, le commandant d'armes le plus rapproché qui les fera visiter à domicile.

Le général commandant le département de la Seine et les commandants d'armes, suivant le cas, aviseront, le dépôt de rattachement des militaires en sursis du résultat de la visite à domicile.

SALAIRES

Salaire des ouvriers et ouvrières employés aux confections militaires

Ces ouvriers et ouvrières, ceux-là surtout qui travaillent à domicile, peuvent être facilement objet d'exploitation.

Il est donc bon de savoir que, d'après une circulaire récente du sous-secrétaire d'État à la guerre pour le ravitaillement et l'intendance, les marchés de confections comportent un tarif de salaires élaboré par les fonctionnaires de l'intendance, qui se concertent à cet effet avec ceux de l'inspection du travail.

Ce tarif doit être affiché dans les ateliers et, pour que les ouvriers travaillant à domicile puissent en prendre connaissance, il doit l'être également dans le lieu où l'ouvrier reçoit le travail de l'entrepreneur et à la mairie du domicile des ouvriers.

Loi du 10 juillet 1915 relative aux salaires des ouvrières à domicile dans l'industrie du vêtement

(Circulaire du Ministre de l'Intérieur, *J. Off.*, 25 juillet 1915 ; Décret du 24 septembre, *J. Off.*, 26 septembre 1915).

Cette loi a pour but d'apporter un remède à l'une des situations les plus angoissantes du monde du travail, celle des ouvrières « exécutant à domicile des travaux de vêtements, chapeaux, chaussures, lingerie en tous genres, broderie, dentelles, plumes, fleurs artificielles et tous autres travaux rentrant dans l'industrie du vêtement. »

Chacun sait à quels abus donne lieu trop souvent ce mode de travail : abaissement des salaires à des taux infimes, et par suite journées de travail démesurément longues, épuisement des ouvrières, tuberculose, etc., c'est le *sweating system.*

Obligations des Entrepreneurs

Pour parvenir au relèvement des salaires, la présente loi oblige tout entrepreneur de travaux à domicile ;

1º A informer l'inspecteur du travail et à tenir un *registre* indiquant le nom et l'adresse des ouvrières qu'il occupe ;

2º A *afficher en permanence les prix de façon* dans les locaux d'attente, ainsi que dans ceux où s'effectuent la remise des matières premières et la réception des marchandises ;

3º A remettre à chaque ouvrière, au moment où elle reçoit du travail, *un bulletin à souche ou un carnet*, indiquant la nature, la quantité de travail, la date à laquelle il est donné, les prix de façon applicables à ce travail, ainsi que la nature et la valeur des fournitures imposées à l'ouvrière. Les prix nets de façon ne peuvent être inférieurs aux prix affichés.

Lors de la remise du travail achevé, une mention est portée au bulletin ou carnet indiquant la date de la livraison, le montant de la rémunération acquise par l'ouvrière et des divers frais accessoires laissés à sa charge par le fabricant, commissionnaire ou intermédiaire ainsi que la somme nette payée ou à payer à l'ouvrière.

Ces mentions doivent être exactement reportées sur la souche du bulletin ou sur un registre d'ordre.

Les souches et registres doivent être conservés pendant un an au moins par le fabricant, commissionnaire ou intermédiaire, et tenus par lui constamment à la disposition de l'inspecteur.

Toute mention inexacte est passible d'une amende de 5 à 15 francs, prononcée par le tribunal de simple police et répétée autant de fois qu'il y a de victimes de la contravention, sans pourtant qu'elle puisse dépasser 500 francs.

En cas de récidive l'amende est de 16 à 100 francs, prononcée par le tribunal correctionnel dans les mêmes conditions, sans pourtant qu'elle puisse dépasser 3.000 francs.

SALAIRE MINIMUM [1]

Les prix de façon ne peuvent plus descendre au-dessous d'un minimum.

Ce minimum doit pouvoir être gagné par une ouvrière d'habileté moyenne en dix heures de travail.

Il est déterminé pour la profession ou pour la région par les conseils du travail ou, à leur défaut, par les comités de salaires des ouvrières à domicile, après constatation du «taux du salaire quotidien habituellement payé dans la région aux ouvrières de même profession et d'habileté moyenne, travaillant en atelier, à l'heure ou à la journée, et exécutant les divers travaux courants de la profession.»

Les conseils de travail procèdent tous les trois ans au moins à la revision de ce minimum.

Pour les travaux exécutés en série, les conseils du travail ou, à leur défaut, les comités professionnels d'expertise dressent le tableau du temps nécessaire à leur exécution, suivant les divers articles et les diverses catégories d'ouvrières, et le minimum de salaire résultera du prix minimum du salaire à l'heure, fixé par les comités de salaires, multiplié par le nombre d'heures nécessaires à l'exécution du travail afférent à ces articles.

Un délai de trois mois est accordé au Gouvernement, aux associations professionnelles et en général à tout intéressé pour protester contre un minimum de salaire. Ces protestations seront portées devant une Commission centrale siégeant au Ministère du Travail.

---

1. Les ouvriers et ouvrières employés aux confections militaires peuvent être assez facilement l'objet d'exploitation, surtout lorsqu'ils travaillent à domicile.

Il est donc bon de savoir que, d'après une circulaire récente du sous-secrétaire d'État à la guerre pour le ravitaillement et l'intendance, les marchés de confections comportent un tarif de salaires élaboré par les fonctionnaires de l'intendance, qui se concertent à cet effet avec ceux de l'inspection du travail.

Ce tarif doit être affiché dans les ateliers et, pour que les ouvriers travaillant à domicile puissent en prendre connaissance, il doit l'être également dans le lieu où l'ouvrier reçoit le travail de l'entrepreneur et à la mairie du domicile des ouvriers.

Après l'expiration du délai de trois mois ou la décision de la Commission centrale, le minimum devient obligatoire dans le ressort du conseil du travail ou du Comité départemental qui l'a établi.

CONTENTIEUX

Les contestations relatives à l'application de la présente loi sont de la compétence des Conseils de prud'hommes et à leur défaut des juges de paix.

Les associations autorisées à cet effet par décret et les syndicats professionnels existant dans la région pour les industries du vêtement, même s'ils sont composés en totalité ou en partie d'ouvriers travaillant en atelier, peuvent exercer une action civile basée sur l'inobservation des dispositions ci-dessus, sans avoir à justifier d'un préjudice, à charge, si le défendeur le requiert, de donner caution.

Toutes conventions contraires à la présente loi sont nulles et de nul effet.

Ses dispositions sont insérées au Code du Travail et forment les articles 33, 33 a, b, c, d, e, f, g, h, i, j, k, l, m (*livre I titre III, chap.* 1er) et l'art, 99 a (*livre I, Titre V*).

BIBLIOGRAPHIE

Manuel pratique des lois sociales (Protection du travail), A. CAVAILLON. -- Giard et Brière, 16, rue Soufflot, 2 francs. (s. c.).

X

Le Logement, la Famille, L'Hygiène Sociale

HABITATIONS A BON MARCHÉ. — LA PETITE PROPRIÉTÉ

Décret du 10 septembre 1915
relatif au placement de l'actif des sociétés d'épargne

Les sociétés d'épargne visées par la loi du 3 juillet 1913 doivent être toutes déclarées. De plus, celles dont la gestion n'est pas gratuite, ou qui contractent avec leurs adhérents des engagements pouvant avoir éventuellement une durée supérieure à 15 ans, sont soumises à l'enregistrement au Ministère du Travail et au contrôle de l'Etat.

Les placements des sociétés enregistrées sont en principe limités à des fonds publics ou jouissant de la garantie de l'Etat.

Toutefois, les sociétés faisant appel à l'épargne pour l'acquisition ou la construction d'immeubles à bon marché peuvent consentir à leurs adhérents des avances sur leurs contrats d'épargne, des prêts hypothécaires limités au total à 50 o/o de la valeur de l'immeuble, bâti et non bâti, limite portée à 75 o/o si le total des sommes versées par l'adhérent et inscrites à son compte atteignent 1/4 de cette valeur. (*J. Off.* du 21 septembre 1915.)

Habitations à bon marché. — Bien de famille

MAINTIEN DE L'INDIVISION

Pour les maisons individuelles dont la valeur locative réelle ne dépasse pas de plus d'un cinquième les chiffres fixés pour chaque commune par la Commission établie par la loi sur les habitations à bon marché et, pour les champs et jardins ne dépassant pas un hectare, et remplissant les conditions fixées par la loi du 10 avril 1908, il résulte de l'art. 8 du 12 avril 1906 qu'en cas de décès du propriétaire, l'indivision peut être maintenue pour un temps plus ou moins long, sur la demande du conjoint survivant, ou d'un descendant, et que même s'il y a des mineurs, on peut ne pas vendre l'immeuble et, en remplissant certaines formalités et après estimation, l'attribuer en totalité à un co-héritier. Le juge de paix statue dans ces divers cas.

BIBLIOGRAPHIE

L'Habitation ouvrière à bon marché, L. FERRAND. (Principes· Textes. Méthodes d'action. Résultats obtenus). V. Lecoffre, 2 francs·

L'Habitation à bon marché à Paris en 1914. (L'Œuvre de la Ville de Paris, de l'Assistance publique et de l'initiative privée.) (Publication de la Préfecture de la Seine).

Les Cités-Jardins, leur portée sociale, leur caractère, leur organisation, DUFOURMANTELLE, « Bulletin de la Société Française des Habitations à Bon Marché », 1915, n⁰ˢ 1 à 4.

Les Habitations à bon marché et un Art nouveau pour le Peuple, par Jean LAHOR, Larousse, 17, rue Montparnasse, 2 fr. 30.

Les Cités-Jardins, G. BENOIT-LEVY. — Giard et Brière, 16, rue Soufflot. Extrait de la *Revue Internationale de Sociologie*. (s. c.)

Les Œuvres parisiennes en faveur du Logement des Familles nombreuses, P. DAMOISEAU. (Le problème du logement pour les familles nombreuses. Les œuvres : Secours de Loyer, Abris temporaires, Caisses d'Epargne du Loyer, Union d'Œuvres.) Giard et Brière, 16, rue Soufflot, 4 fr. 50.

LUTTE ANTIALCOOLIQUE

BIBLIOGRAPHIE

L'Alcoolisme et les Moyens de le combattre jugés par l'Expérience, Dʳ J. BERTILLON. (Etude médicale, économique et fiscale. Difficultés auxquelles se heurte la propagande antialcoolique, Le traitement médical de l'alcoomanie.) V. Lecoffre, 90, rue Bonaparte, 2 francs,

L'Antialcoolisme en Histoires vraies, Dʳ GALTIER-BOISSIÈRE. (Petit livre de vulgarisation dont les illustrations rendent plus saisissantes encore les histoires véridiques et les notions scientifiques intercalées entre les récits.) Larousse, 17, rue Montparnasse, o fr. 60.

Un Fléau social : L'Alcoolisme, Dr LEGRAIN. (L'alcoolisme au point de vue général et individuel. Etude condensée de la question de l'alcoolisme dans ses conséquences physiques et sociales.) H. Gautier, 55, quai des Grands-Augustins, o fr. 15.

L'Action sociale contre l'alcoolisme, par J. Reinach, *la Revue Hebdomadaire*, 24 juillet 1915. Action antialcoolique de la Société de secours aux blessés militaires. Cercles pour les soldats (Voir les Cercles pour Soldats aux *Addenda* de la page 12 du présent ouvrage).

Les Maladies sociales (criminalité adolescente, alcoolisme, etc.), Paul GAULTIER, 1913, Hachette, 3 fr. 50.

M. Jean Finot a commencé dans la « Revue » (ancienne « Revue des Revues »), en avril 1915, une très intelligente et très active campagne contre l'alcoolisme *(L'alcoolisme et les Allemands de l'intérieur)*.

POPULATION

BIBLIOGRAPHIE

La Population, A. DES CILLEULS, V. Lecoffre, 2 francs.

La Question de la Population, G. DE NOUVION, « Journal des Economistes », 15 mars 1915.

La tâche de demain. Rapport de M. C. COLSON sur la *Repopulation*, et discussion, « Bulletin de l'Académie des Sciences Morales et Politiques », mai 1915.

L'Assistance Educative :

1er juillet 1915. — La Population et l'Assistance, C. COLSON (Causes de la diminution de la natalité et remèdes — Suite dans le numéro du 1er août).

♣ ♣ ♣

XI

LES MARIAGES

MARIAGES PAR PROCURATION

ÉTUDE GÉNÉRALE

ᵀ. — Mariage civil

Après avoir recueilli toutes les indications utiles pour a constitution du dossier, il convient de faire venir les pièces requises pour
la *publication des bans*.

Quand le dossier est complet[1], les pièces sont remises à la future,
qui les porte à la Mairie à cet effet.

En même temps que les pièces, on lui remettra une note contenant très exactement :

1º Les noms, prénoms, professions et domiciles de chacun des
intéressés ;

2º L'indication de la mairie où le mariage doit être célébré ;

3º Les nom, prénoms, profession et domicile du mandataire.

Le mandataire doit être un homme, âgé d'au moins 21 ans : on
doit écarter le père, le grand-père, le frère, le fils et l'oncle de la
future.

Cette note, qui doit être transmise par la fiancée à son futur sur
le front, explique à celui-ci qu'il doit se présenter en personne à
l'officier spécialement chargé du service des procurations, que son
capitaine lui indiquera.

A l'aide de ces renseignements, la *procuration* sera dressée, et,
après un temps quelquefois assez long, transmise directement à la
Mairie, qui avisera la future.

---

1. L'autorité militaire a parfois consenti à établir les actes de réquisition dont la notification est exigée par les articles 151 et 154 du Code civil, pour suppléer au consentement
des parents lorsque le futur majeur est âgé de moins de 30 ans.
Néanmoins, pour éviter des difficultés et des retards, il est préférable que le futur fasse
établir, en même temps que la procuration aux fins de mariage qui doit rester annexée à
l'acte d'état civil, un mandat spécial habilitant le fondé de pouvoirs à requérir l'établissement
de l'acte respectueux et sa notification par un notaire.

Celle-ci s'y rendra pour fixer le jour et l'heure du mariage, dont elle avisera le mandataire et les témoins, ainsi que le comité qui s'est occupé des démarches.

II. — Mariage religieux.

En ce qui concerne le mariage religieux, nos confrères trouveront à notre Comité central de Saint-François Régis, 6, rue de Fursten-berg, des formules de procuration qui ont été mises à notre disposition par l'Archevêché.

Le confrère doit remplir au crayon les blancs réservés pour les indications nécessaires, qui sont comme pour la procuration civile: les noms, prénoms, professions et domiciles des futurs et du mandataire.

Le mandataire, en ce qui concerne le mariage religieux, n'est pas obligatoirement le même que celui qui a assisté la future au mariage civil ; mais, pour les deux cérémonies, il est à souhaiter que, le plus souvent possible, le mandataire soit le confrère qui s'est occupé du mariage.

La procuration est envoyée sur le front à l'intéressé, qui doit la remettre à l'aumônier ou au prêtre le plus voisin, lequel la dresse dans les formes prescrites. L'intéressé retourne alors cette procuration soit à sa future, soit au confrère qui s'occupe du mariage, pour être remise au premier vicaire de la paroisse où le mariage sera célébré.

· Dans quelques paroisses, on demande que les procurations soient visées par l'Archevêché. Mais c'est l'exception, et dans ce cas il n'y a qu'à déférer au désir exprimé.

En ce qui concerne le mandataire, pour le mariage religieux, l'Archevêché de Paris a adopté les pratiques suivies par l'autorité civile. (Voir ci-dessus.)

III. — Textes.

Loi du 4 avril 1915.

Article premier. — En temps de guerre, pour cause grave, et sur autorisation du Ministre de la Justice et du Ministre de la Guerre ou du Ministre de la Marine, il peut être procédé à la célébration du mariage des militaires et des marins sans que le futur époux, s'il est présent sous les drapeaux, soit obligé de comparaître en personne et à la condition qu'il soit représenté par un fondé de procuration spéciale.

Dans ce cas, le délai de trente jours francs, prévu par les articles 151 et 154 du Code civil, sera réduit à quinze jours francs.

La procuration dont il sera fait mention dans l'acte de mariage sera établie conformément à la loi du 8 juin 1893, et dispensée des droits de timbre et d'enregistrement.

Art. 2. — La présente loi est applicable à l'Algérie et aux colonies.

Circulaire du 8 avril 1915. (*J. Off.* du 10 avril) :

Précise les « causes graves » requises par la loi : enfants à légi-timer, présence au front du futur qui a contracté promesse de mariage avant son départ, etc.

Indique les conditions administratives d'examen des demandes, soumises aux deux ministres entre l'établissement de la procuration et son envoi à la Mairie.

Avis du Garde des Sceaux (*J. Off.* du 20 juin 1915) sur le consentement des parents restés en pays envahis :

Lorsqu'un futur époux, majeur de 21 ans, mais mineur de 30 ans, se trouve dans l'impossibilité de produire, en vue de son mariage, l'acte de consentement de ses parents restés en pays envahis, une circulaire du 11 messidor an XII, toujours en vigueur, permet de lever cet obstacle au moyen d'un acte de notoriété, rédigé dans la forme indiquée aux articles 70 et suivants du Code civil, à l'effet d'établir que des circonstances de force majeure empêchent de justifier du consentement des ascendants.

Dans la pratique, il est admis que cet acte de notoriété peut être établi par le juge de paix de la résidence du futur époux, dans le cas où il n'est pas possible de faire dresser l'acte en question par le juge de paix du domicile[1].

Loi du 19 août 1915 sur le mariage par procuration des prisonniers de guerre

Article 1er.—Les dispositions de la loi du 4 avril 1915, qui permet en temps de guerre le mariage par procuration des militaires et

---

1. Un arrêt de la Cour de Pau du 15 octobre 1872 (*Dall.* 74.2.134 ; *Sir.* 74.2.308) a décidé qu'un mineur, dans l'impossibilité de justifier du consentement de ses père et mère disparus, et dont les grands-parents sont morts, peut se marier avec l'autorisation du conseil de famille, à la condition que l'impossibilité de demander le consentement des ascendants ait été constatée par justice.

Ces dispositions paraissent applicables au mineur dont les parents habitent une région envahie par l'ennemi. (*Rép. du Min. de la Justice à la question* 5574, *J. Off.* du 24 novembre 1915.)

marins présents sous les drapeaux, sont applicables aux militaires et marins prisonniers de guerre.

La procuration pourra être établie par les agents diplomatiques ou consulaires de la puissance étrangère chargée des intérêts français dans les pays où ces militaires et marins sont retenus en captivité.

Elle sera dispensée des droits de timbre et d'enregistrement.

♣

QUESTIONS DIVERSES

Mariages entre beau-frère et belle-sœur

DISPENSE DE PARRAINAGE

Les mariages entre beau-frère et belle-sœur sont prohibés par l'Église en raison de la parenté naturelle, mais le plus souvent des dispenses sont accordées.

La parenté spirituelle est également une cause de prohibition : il y a empêchement dirimant, notamment entre les parrain ou marraine et un filleul, une filleule ou leurs parents.

Il arrive fréquemment, quand il s'agit d'un mariage entre beau-frère et belle-sœur, que le conjoint célibataire a été parrain (ou marraine) de l'un des enfants issus du premier mariage. Dans ce cas, deux dispenses sont à demander :

1º Dispense levant la prohibition résultant de la parenté naturelle ;

2º Dispense levant la prohibition résultant de la parenté spirituelle.

Il est donc très important de s'informer, quand on prépare un mariage entre un beau-frère et une belle-sœur, si le conjoint célibataire n'a pas été parrain (ou marraine) de l'un des enfants issus du premier mariage.

Certificats d'indigence

Un directeur départemental de l'Enregistrement ayant décidé que pour obtenir le bénéfice de la loi de 1850, chaque futur devait justifier non seulement de son indigence personnelle, mais aussi de celle de son futur conjoint, la question fut soumise au ministre des Finances.

Celui-ci a reconnu que « les actes ou expéditions nécessaires à un indigent pour contracter mariage sont visés pour timb e et enregistrés gratis au vu d'un certificat constatant l'indigence de celui des futurs qu'ils concernent ». (*Rép. à la question* 2206, *J. Off.* du 26 novembre 1912.)

Il va de soi que les pièces qui intéressent les deux futurs, comme la feuille de publication, le certificat de non-opposition, le certificat de mariage pour le ministre du culte, sont passibles du timbre si l'un seulement des futurs peut justifier de son indigence.

On ajoute que, contrairement à ce qui a été prétendu par quelques-uns, les actes de consentement à mariage doivent être admis à la gratuité des formalités sur la production d'un certificat d'indigence du futur intéressé et que le receveur de l'Enregistrement n'est pas fondé è exiger la justification de l'indigence des parents.

Traductions d'actes étrangers

Les traductions, faites par des traducteurs assermentés, d'actes étrangers nécessaires pour le mariage d'indigents admis au bénéfice de la loi du 10 décembre 1850, peuvent être établies sur papier libre, pourvu que, comme le prescrit l'article 7 de ladite loi, elles mentionnent qu'elles sont destinées à servir à la célébration d'un mariage d'indigent. (*Rép. du Min. des Fin. à la question* 5620, *J. Off.* du 19 novembre 1915.)

On ajoute que ces traductions doivent, comme les actes traduits, être soumises au visa pour timbre et que, dans le cas même où la mention rappelée par le ministre aurait été omise par le traducteur, le visa gratis ne sera pas refusé si la demande de la formalité est régulièrement appuyée de la justification de l'indigence.

♣ ♣ ♣

XII

QUESTIONS DIVERSES

IMPOTS DIRECTS

Délais et immunités —
Suspension des poursuites — Sursis de payement
CONTRIBUABLES MOBILISÉS

L'article 4 de la loi du 5 août 1914, relative à la prorogation des échéances des valeurs négociables, dispose que jusqu'à la cessation des hostilités « aucune instance, sauf l'exercice de l'action publique « par le Ministère public, ne pourra être engagée ou poursuivie, « aucun acte d'exécution ne pourra être accompli contre les citoyens « présents sous les drapeaux. »

L'application de ces dispositions au recouvrement des impôts directs a été précisée par la circulaire du 11 novembre 1914 (Dir. générale de la Comptabilité publique). « Aucune poursuite ne « pourra être exercée pour le recouvrement des contributions « inscrites au nom de contribuables présents à l'armée. Cette « interdiction doit être considérée comme s'appliquant non seule- « ment aux poursuites administratives et judiciaires, mais aussi « à la sommation sans frais qui forme le préliminaire de toute « poursuite. »

Rien ne s'oppose par contre à l'envoi d'avis officieux à la femme ou au représentant du mobilisé dans le but d'obtenir le payement amiable des cotes.

L'expression « présent sous les drapeaux » ne doit pas être prise strictement à la lettre, et l'Administration a admis (Circ. de la Dir. gén. de la Comptabilité publique du 6 mars 1915) que le bénéfice du sursis devait être étendu aux impôts des mobilisés disparus, prisonniers, ou décédés, sauf toutefois lorsque la succession était dévolue à des héritiers autres que les conjoints, descendants ou ascendants.

Les militaires placés en sursis, les auxiliaires renvoyés dans leurs foyers, les mobilisés affectés à des usines privées travaillant pour la défense nationale ne sont pas considérés comme présents sous les drapeaux.

CONTRIBUABLES NON MOBILISÉS

(Décision du Ministre des Finances du 27 avril 1915, Circ, de la Dir. gén. de la Comptabilité publique des 9 mai et 29 septembre 1915.)

Lorsqu'un contribuable non mobilisé se trouve dans l'impossibilité d'acquitter ses impôts (1914 ou 1915), il doit demander un sursis au percepteur. Ce dernier a qualité pour accorder ou refuser des délais.

Il peut différer sa réponse et consulter le Trésorier général. Le contribuable sera invité en ce cas à remettre une demande écrite sur papier libre indiquant les motifs de non-payement et précisant le délai sollicité.

L'intéressé est informé ultérieurement des conditions dans lesquelles le sursis est accordé : délai jusqu'à nouvel ordre ou jusqu'à une date déterminée, — payement en un terme ou par acomptes.

Les poursuites ne peuvent être intentées qu'après l'expiration des délais. L'Administration reste juge de faire cesser le sursis lorsqu'il se produit un fait nouveau révélant l'existence de ressources suffisantes.

Les contribuables qui protesteraient contre le refus de délais, ou auxquels seraient intentées des poursuites qu'ils estimeraient injustifiées, devraient adresser leurs réclamations au Receveur des Finances, Directeur des poursuites dans son arrondissement, ou au Trésorier général dans l'arrondissement chef-lieu (pour Paris et la Seine, au Receveur Central des Finances de la Seine, 16, place, Vendôme).

Remise éventuelle
de la contribution personnelle-mobilière

Les ouvriers actuellement sous les drapeaux, mobilisés avant le 1er janvier 1915, n'ayant avant la guerre d'autre ressource que leur salaire quotidien et dont la femme et les enfants n'ont que l'allocation militaire pour subvenir à leurs besoins, peuvent exceptionnellement être déchargés pour l'année 1915 de leurs contributions (cote personnelle et cote mobilière) lorsqu'elles ne sont pas supérieures à 15 francs.

Sur avis favorable des répartiteurs, les demandes en décharge peuvent être accordées dans chaque commune par le Conseil municipal, par le Conseil de répartition, qui a plein pouvoir pour désigner les habitants qui, à raison de leur situation gênée, doivent être exemptés de la contribution personnelle-mobilière.

Si ces demandes étaient écartées et si les réclamants se trouvaient réellement hors d'état d'acquitter leurs contributions, ceux-ci pourraient solliciter le dégrèvement à titre gracieux. Des instructions ont été adressées aux services pour que ces dernières réclamations soient examinées dans un large esprit de bienveillance. (*Rép. duMin. de la Guerre à la question* 5341, *J. Off.* du 10 novembre 1915.)

Contentieux des Contributions directes
(Décret du 27 octobre 1915)

Le moratorium institué par décret du 10 août 1914 empêche que les réclamations engagées par les contribuables reçoivent une solution. Cet état de choses vient d'être changé par le décret du 27 octobre 1915. Désormais, le président de la juridiction saisie (ordinairement le Conseil de Préfecture) statuera sans frais sur la demande tendant à continuer l'instance, formulée soit par l'Administration des contributions directes, soit par les intéressés qui ne seraient ni présents sous les drapeaux, ni domiciliés dans les circonscriptions judiciaires fixées par le décret du 21 décembre 1914. La décision du président sera définitive : s'il est fait droit à la demande, un nouveau délai égal au délai ordinaire courra à partir de cette décision.

Si le réclamant est mobilisé, la continuation de l'instance engagée avant ou depuis la mobilisation pourra, suivant les circonstances, être ordonnée par le président de la juridiction saisie dans les mêmes conditions que ci-dessus.

Impôt foncier sur les terrains incultes

Dès l'instant qu'il aura été dûment établi que des terrains, quelle que soit leur situation, sont restés incultes par suite de circonstances résultant de l'état de guerre, la perte de revenus subie de ce chef sera considérée comme provenant d'un événement extraordinaire, au sens de l'article 24 de l'arrêté des consuls du 24 floréal an VIII, et donnera lieu, soit sur demandes individuelles des intéressés, soit, le cas échéant, sur demandes collectives des maires, à la remise de l'impôt foncier des terrains demeurés improductifs.

Cette solution est applicable notamment aux terrains situés entre les lignes ennemies et les lignes que ne peuvent dépasser les permissionnaires et les territoriaux provisoirement libérés. (*J. Off.* 26 septembre 1915, Rép. du Min. des Fin. à la question 4392.)

VOYAGES EN CHEMIN DE FER A PRIX RÉDUIT

Déplacements civils

I

FAMILLES DE MILITAIRES

Visite des blessés : réduction de 75 o/o pour les familles nécessiteuses ; 50 o/o pour les autres. (Voir le chapitre II, p. 14).

Pour les accompagner dans un séjour de convalescence : billets collectifs à prix réduit. (Voir aussi p. 14.)

Pour le transport des corps des militaires décédés dans les hôpitaux de l'intérieur : remboursement complet des frais. (Voir le chapitre III, p. 30).

Veuves, orphelins, mères-veuves quittant l'ancienne garnison ou résidence d'un militaire décédé : remboursement des frais de transport des personnes et indemnités de déménagement. (Voir *Correspondance*, n° 12 d, p. 8, pour tous les détails).

II

RAPATRIEMENTS

Personnes dans une situation précaire allant s'établir en province.

La Préfecture de Police peut assurer le voyage gratuitement sur justification que l'existence des rapatriés sera assurée dans leur nouvelle résidence.

Les Bureaux de bienfaisance peuvent exceptionnellement rapatrier leurs assistés et même leur mobilier.

Le bénéfice de ces mesures peut également s'étendre aux orphelins placés en province.

L'administration de l'Assistance publique à Paris rapatrie gratuitement les vieillards admis aux secours de la loi du 14 juillet 1905.

D'autre part, les Compagnies (actuellement Etat-Orléans-Midi) délivrent des billets à demi-tarif sur demande faite directement par les intéressés. Il est toutefois préférable d'utiliser l'intermédiaire de l'Office Central des Œuvres de Bienfaisance, 175, boulevard Saint-Germain. Les personnes accompagnant des impotents, des vieillards ou des enfants peuvent obtenir un aller et retour à demi-place.

Séjour de convalescence ou de cure.

Des billets à demi-tarif peuvent être également obtenus directement ou par l'intermédiaire de l'Office Central, mais sur présentation d'un certificat médical établissant la nécessité du déplacement et sur justification de la situation nécessiteuse.

III
ÉVACUÉS — RÉFUGIÉS

Les voyages en groupe ont eu lieu fréquemment sous le couvert d'ordres de transports militaires. Lorsque les évacués ont été obligés de payer leur billet pour se rendre de leur domicile à leur nouvelle résidence, ils peuvent obtenir le remboursement de leurs débours. (V. *Correspondance*, p. 72).

Ils peuvent également obtenir la gratuité pour leurs déplacements ultérieurs en s'adressant à la Préfecture, qui a un pouvoir discrétionnaire pour accorder ou refuser cette faveur, et la réserve généralement pour les voyages de travailleurs ayant trouvé un emploi et pouvant en justifier par un certificat patronal, ainsi que pour les déplacements des réfugiés rejoignant des membres de leur famille qui peuvent les héberger.

IV
CHOMEURS — MAIN-D'OEUVRE AGRICOLE

L'Office national de la main-d'œuvre agricole, 78, rue de Varenne, délivre des réquisitions de transport gratuit aux employés et ouvriers placés par ses soins, ou même à tout travailleur justifiant d'un placement assuré en province.

V

DÉPLACEMENTS COLLECTIFS — COLONIES DE VACANCES, SOCIÉTÉS DE GYMNASTIQUE, ETC.

Les réductions varient de 50 à 75 o/o : elles doivent être demandées directement au Service Commercial de chaque Compagnie. Elles ne sont accordées que pour un minimum de dix, douze personnes faisant partie de la même Œuvre ou Association. Il est admis à titre de surveillant une personne étrangère par dix ou douze enfants.

Déplacements militaires

I

PERMISSIONNAIRES

En principe, ils voyagent à leurs frais, à quart de place.

a) Exceptionnellement, les permissionnaires venant du front voyagent à l'aller et au retour gratuitement, à la condition de prendre les trains spéciaux mis à leur disposition ;

b) Les militaires de l'intérieur, bénéficiant de la permission de quatre jours accordée par la circulaire du 3 septembre 1915 aux hommes mobilisés depuis plus de 6 mois reçoivent, à leur départ de leur dépôt, une indemnité égale au prix du voyage et doivent avec cette indemnité payer leur billet au tarif militaire.

II

MOBILISÉS ENVOYÉS EN SURSIS DANS DES USINES

Ils reçoivent au départ le montant de leurs frais de voyage, qu'ils acquittent en prenant un billet à quart de place; mais s'ils obtiennent des permissions au cours de leur travail, ils n'ont plus droit à aucune réduction sur les chemins de fer et voyagent à leurs frais au tarif ordinaire.

III

MALADES ET CONVALESCENTS

Ils reçoivent en principe, pour tous leurs déplacements, un ordre de transport gratuit, qui est délivré soit par l'hôpital, soit par l'ambulance, soit par le corps qui met en route le blessé évacué sur un autre hôpital, sur son corps, soit en congé de convalescence, ou en réforme définitive ou temporaire.

De même les amputés en congé qui vont essayer un appareil dans un centre orthopédique militaire bénéficient d'un ordre de transport.

&

LES ŒUVRES RURALES

Bibliographie

Manuel pratique des Institutions Sociales Agricoles, par le comte du LAUTIER et le comte du PLESSIS, 1 vol. 355 pages, 1913, 3 fr., 5, rue Bayard.

(Syndicats, coopératives, assurance et prévoyance, mutualité, épargne, retraites, habitations à bon marché, bien de famille, crédit agricole, colonisation.)

La Bonne Presse, 5, rue Bayard, a également édité deux petites brochures de propagande sur les : **Institutions populaires agricoles**, o fr. 10, et les **Caisses d'assurance mutuelle contre la mortalité du bétail**, o fr. 25.

Louis DURAND : **Manuel pratique à l'usage des Fondateurs et Administrateurs de Caisses rurales**, 1 fr.

Louis DURAND : **La Caisse rurale**, système Raiffeisen, o fr. 10.

Du même auteur : **La Caisse rurale, La Caisse ouvrière**, o fr. 50.

&

RETRAITES OUVRIÈRES

Voir **Payement aux réfugiés**, p. 73 ; **délais et tolérances en raison de l'état de guerre**, p. 73.

Renseignements et Réclamations

Il existe, 40, rue du Cherche-Midi, un **Bureau de renseignements** que l'on peut consulter verbalement ou par écrit pour toutes les questions relatives à l'application de la réglementation des retraites ouvrières.

Ce bureau est également chargé de recevoir les réclamations. Les démarches personnelles que nous y avons effectuées, et la rapidité avec laquelle nous avons obtenu que fussent éclaircies certaines affaires, nous permettent de recommander vivement les démarches directes à ce Bureau.

Pour les simples demandes de renseignements, une visite procurera généralement les éclaircissements plus rapidement qu'une lettre. Pour les réclamations, il est préférable d'écrire en donnant des indications précises : toujours mentionner la date de naissance de l'intéressé, le numéro de la retraite, ou celui de la carte, sans omettre pour cette dernière la série ; spécifier le domicile exact indiqué sur les pièces officielles, numéro, rue, localité, département.

Voir le **Moratorium,** p. 90

Une loi du 17 août 1915 a apporté un certain nombre de modifications à la loi des retraites ouvrières et paysannes.

Avantages concédés aux veuves et orphelins de militaires tués à l'ennemi, ayant satisfait aux obligations de la loi sur les retraites ouvrières. — En vertu de l'art. 6 de cette loi, si un assuré meurt avant l'échéance du premier terme de sa pension de retraite ou de son allocation, ayant effectué les 3/5 des versements obligatoires, il est alloué aux enfants âgés de moins de 16 ans : s'ils sont au nombre de trois ou plus, 50 fr. par mois pendant six mois ; s'ils sont au nombre de deux, 50 fr. par mois pendant cinq mois ; s'il n'y en a qu'un, 50 fr. par mois pendant quatre mois ; à la veuve sans enfant de moins de 16 ans, 50 fr. par mois pendant trois mois. En cas de divorce, mêmes avantages à la femme non remariée si le divorce a été prononcé aux torts exclusifs du mari.

♣ ♣ ♣

TABLE DE CONCORDANCE

(À gauche sont les numéros réimprimés et leur pagination ; à droite sont les pages du présent volume).

               Réparation des dommages de guerre. Application
               de la législation métropolitaine aux colonies... 70

No 10, p. 3. Le placement professionnel..................... 99
              La *Solidarité catholique* 99

     p. 4. Enfants naturels reconnus. Dossiers de pensions. 48
           Mariages par procuration. Réquisition et notifi-
           cation aux père et mère...................... 110
           Cercle national pour le soldat de Paris. 12 (*Addenda*)
           Hébergement des militaires convalescents ou en
           permission par l'*Assistance aux réfugiés et aux
           victimes de la guerre*....................... 12

     p. 5. Les militaires pères de familles nombreuses.
           Faveurs................................ 3
           Déplacement gratuit des militaires (permission-
           naires). Voyage........................ 120
           Rééducation fonctionnelle : La parole et la voix. 14
                                    Les sourds.......... 15

     p. 6. Les invalides de la guerre et la rééducation
           (Renseignements officiels) 15
           Bibliographie. *La rééducation des grands blessés
           à Lyon*................................ 24

     p. 7. Les *Amis des soldats aveugles*. Méthode employée
           et résultats obtenus. *Revue Philanthropique*.... 26
           École *Rachel*........................... 24
           Pour les militaires tuberculeux. Stations sani-
           taires 13
           Transport des restes des militaires décédés sous
           les drapeaux. Zone de l'intérieur........ 30, 118

     p. 8. Les vêtements civils des militaires décédés ou
           disparus 30
           Livret militaire 30
           Œuvre de l'Adoption familiale des Orphelins
           de la guerre........................... 64

     p. 9. Adoption des Orphelins de la Mer............. 65
           Projet de loi relatif aux Orphelins de la guerre... 00

     p. 10. Les réfugiés, évacués, rapatriés : Assistance. 70, 72

ERRATA ET ADDENDA

ERRATA

Page 9, ligne 1 de la note, lire 13, p. 4.
--- 28, --- 11 --- --- exemptées.
--- 28, --- 26 --- --- exemptées.
--- 34, --- 17 --- --- Loi du 19 août 1915.
--- 43, --- 20 --- --- Loi du 25 juillet 1915.
--- 52, --- avant-dernière --- Meignen, Dorbon aîné.
--- 90, --- 10 --- Sociétés d'assurance, de capitalisation et d'épargne.
--- 96, --- 18 --- 62, Avenue Jean Jaurès (non
rue d'Allemagne).

Renseignements à ajouter :

--- 6. Note 1. --- Voir aussi cette Œuvre p. 20.
--- 8. Permissions et sursis aux ouvriers forestiers. — Les
détails relatifs à la main-d'œuvre militaire dans les exploitations forestières se trouvent dans la *Correspondance*, n° 11, p. 4. — Des permissions de vendange de
15 jours, entre le 5 septembre et le 15 octobre, pourront être accordées aux viticulteurs mobilisés dans la
zone de l'intérieur ou dans les dépôts de la zone des
armées, à l'exception des hommes de l'active et de la
réserve du service armé aptes à faire campagne et
appartenant à l'infanterie et au génie. Elles sont indé-
pendantes de celles accordées pour la fenaison et la
moisson.
--- 11. Deuxième paragraphe. — On a établi une différence
entre les ouvriers mobilisés dans les usines, rémunérés
à la journée, exposés à perdre leurs salaires pendant
un ou plusieurs jours, et les gendarmes auxiliaires, qui
touchent une solde mensuelle.
--- 12. Œuvre des réformés, 49, rue de Vaugirard. --- Voir le
dispensaire à la page 20.

Page 12. Dernier paragraphe. — Au n° 7, p. 6 et 7 de la *Correspondance*, on parlait : 1° des permissionnaires dénués de ressources, reçus à la caserne de Reuilly, Paris ; 2° des cercles du soldat, 2, rue Ordener, 10, place Voltaire, 119, rue Lecourbe, à Paris, et 12 *bis*, rue Soyer, à Neuilly ; 3° du dispensaire ci-dessus. — Il y a encore le cercle national pour le soldat de Paris, 15, rue Chevert, sous la direction de l'Union des Femmes de France, ouvert le 15 octobre 1915, pour les permissionnaires et les convalescents.

—— 20. Œuvre des réformés de la guerre. — Voir p. 12 pour l'hébergement des permissionnaires.

—— 20. L'assistance aux convalescents militaires. — Voir p. 6.

—— 20. Association nationale.. — Le siège social avait été d'abord indiqué 92, rue du Moulin-Vert (n° 8, p. 5).

—— 24. Deuxième paragraphe. — Sont ici mentionnés la durée de l'apprentissage et le gain d'un vannier qui ne figurent pas sur les numéros réimprimés.

—— 30. Croix de guerre... — La demande doit être faite au Gouverneur de Paris pour Paris, le département de la Seine et celui de Seine-et-Oise.

—— 37. Note 1. — Voir *J. Off.* du 26 juin 1915, pour la nomenclature des pièces à produire, et du 30 juin 1915, pour la réponse à la question 2938.

—— 41. Taux des pensions... — Même observation qu'à la la page 24.

—— 43. Droit à pension. Option. — D'après une loi du 16 mars 1915, la veuve d'un fonctionnaire civil mobilisé tué à l'ennemi, si elle renonce à ses droits à pension militaire, peut prétendre à une pension civile égale au tiers du traitement de son mari (loi du 9 juin 1853, art. 11, 12, 14). Toutes les pièces justificatives du droit à pension peuvent être établies sur papier libre, puisqu'il s'agit d'une veuve de militaire. La veuve doit fournir les pièces exigées pour pensions militaires, même si elle opte pour la pension civile : dans ce dernier cas, il faut, en outre, un état des services civils du mari (plus un certificat de non-débet pour un comptable).

Page 43. A moins d'épouser un étranger, les veuves pensionnées comme telles ne perdent pas la pension en se remariant (*J. Offic.*, 15 août 1915 ; Réponse à la question 3.782).

— 44. Pièces à produire... — L'Intendance se contente des bulletins de naissance et de mariage au lieu des actes, à la condition que sur le bulletin de mariage figure la mention qu'il y a eu ou qu'il n'y a pas eu de contrat de mariage.

p. 45. 7°. — Le certificat de genre de mort peut être remplacé par l'avis de décès adressé par le maire, ou par l'autorité militaire, si cette pièce porte la mention « tué à l'ennemi », ou « décédé des suites de blessures de guerre ».

— 47. 7°. — Pour les veuves ou les orphelins venus de communes occupées par l'ennemi, les deux témoins doivent être, si possible, de la même commune que les intéressés.

— 49. Ligne 7. — Voir 44, 6°.

— 50. Dernière ligne, ...délai d'une année... — Voir *J. Off.* du 30 mai 1915, réponse du Ministre de la Guerre.

— 53. Note 1. — Voir la brochure détaillée à la page 61, ligne 15.

— 58. Ligne 2. — Même observation qu'à la page 53.

— 59. Quatrième paragraphe. — Les officiers et sous-officiers peuvent eux-mêmes déléguer la moitié de leur solde à leurs femmes, descendants, ascendants. La délégation d'office est également de la moitié de la solde ; elle part du 1er jour du mois de la demande. La délégation est payée jusqu'à la fin des hostilités.

— 61. Cinquième paragraphe. — Est attribuée, pendant la durée de la guerre, aux veuves, et au besoin aux orphelins, la moitié du traitement des fonctionnaires rétribués sur les budgets coloniaux, généraux, locaux ou spéciaux, décédés sous les drapeaux (loi du 11 août 1915).

— 68. Assoc. nationale... des morts pour la patrie. — Voir les listes des secrétariats, comités, etc., aux nos 6, p. 10, et 13, p. 8, de la *Correspondance*.

— 70. Note 1. — Même observation qu'à la page 53.

— 71. Cinquième paragraphe. — Des allocations mensuelles de 5 francs sont envoyées, sur demande, aux militaires des régions envahies, par l'Administration pré-

Page 71. fectorale ou les comités locaux (Voir la liste des Œuvres pour les régions envahies dans le *Paris charitable pendant la guerre*, à l'Office central des Œuvres de Bienfaisance, 175, boulevard Saint-Germain, Paris). L'allocation part de l'époque de la demande. (On ne l'envoie que tous les deux mois).

— — 72. Ligne 4. — Même observation qu'à la page 53.

— — 82. Ligne 10,... serment... — La commission n'est pas liée par le serment des postulants. C'est un simple moyen d'information qu'elle peut corroborer ou combattre par d'autres (Commentaire de la circulaire du 9 septembre 1915).

— — 106. Cinquième paragraphe. — Pour le travail féminin, les *Syndicats professionnels féminins*, de la rue de l'Abbaye, 7, ont redoublé d'efforts afin de procurer du travail à leurs nombreuses sténo-dactylographes, ayant perdu leur situation par suite de la guerre. Dans ce but, la plus grande extension possible a été donnée au bureau de copies à la machine à écrire, où les travaux, toujours soignés, sont exécutés avec exactitude et aux prix les plus consciencieux.

BOURGES. — IMP. VVE TARDY-PIGELET ET FILS, 15, Rue Joyeuse.

www.ingramcontent.com/pod-product-compliance
Lightning Source LLC
Chambersburg PA
CBHW070801290326
41931CB00011BA/2097